JUTTA BETZ

ROT AN DER ROT

EHEM. PRÄMONSTRATENSER-REICHSABTEI

FOTOGRAFIEN VON GREGOR PEDA

KUNSTVERLAG PEDA GREGOR · PASSAU

Pfarrkirche St. Verena

Patrozinium: 1. September

Diözese Rottenburg-Stuttgart
Landkreis Biberach an der Riß

Zur Geschichte der Reichsabtei in Rot an der Rot

Das ehemalige Prämonstratenser-Reichsstift Rot, das ursprünglich Mönchsroth benannt war, erstreckt sich als imponierende Baugruppe auf einem Höhenrücken zwischen Rot- und Haslachtal. Das Ensemble aus Klosterkirche und schlossartigen Konventsgebäuden wird in pittoresker Weise von zahlreichen Türmen geschmückt und zählt als bedeutende Station zur Oberschwäbischen Barockstraße. Neben der einsamen Lage, in der sich das Kloster unvermittelt erhebt, beeindruckt Rot durch zahlreiche klösterliche Nutzgebäude – von der Toranlage bis zum Ökonomiehof – und deren vortrefflichen Erhaltungszustand.
Die Ortschaft »Rota« wird erstmals um 1100 in einer Schenkung des Adelbert von Wolfertschwenden an das Kloster Ochsenhausen erwähnt. Zusammen mit Kirche und Wirtshaus bildete das Dorf damals wohl den Mittelpunkt einer Grundherrschaft. Die Klostergründung erfolgte der örtlichen Überlieferung zufolge 1126 durch den Hl. Norbert von Xanten. Die Annalen (Jahrbücher) des niederbayerischen Prämonstratenserstifts Osterhofen-Altenmarkt bestätigen diese Jahreszahl, doch die persönliche Beteiligung des Gründers des Prämonstratenserordens kann nicht nachgewiesen werden. Ein verheerender Brand im Kloster vernichtete 1182 den Stiftungsbrief sowie die päpstlichen und kaiserlichen Privilegien. Eine Bulle von Papst Lucius III. ersetzte noch im selben Jahr die verlorenen Dokumente und bezeichnet Hemma von Wildenberg mit zwei ihrer männlichen Verwandten als Stifter des Klosters. Schon bald nach 1126 wurde dem Konvent in Rot ein Frauenkloster angeschlossen, eine Besonderheit des Prämonstratenserordens, um den Klosterfrauen durch die Nachbarschaft des Männerklosters Schutz und Seelsorge zu gewährleisten.

Engel mit Karte der Roter Tochterklöster, Fresko mit Darstellung des Abtes Ottino in der sog. Sakramentskapelle im Erdgeschoss des Ostflügels der Konventsgebäude

Der erste Vorsteher des Klosters, Propst Burkhard, wurde von Norbert aus dem Stammkloster Prémontré bei Lâon in Nordfrankreich zusammen mit zwölf Mönchen nach Rot entsandt, wo er bis zu seinem Tod 1140 so erfolgreich wirkte, dass 1137 auf Bitten des Bischofs Reginbert von Brixen die erste Tochtergründung in Wilten bei Innsbruck erfolgen konnte.

Sein Nachfolger Abt Ottino (1140–1182) führte das Kloster mit einem 200 Mönche umfassenden Konvent zur ersten Blüte und vergrößerte den Einfluss des Stifts durch weitere Tochtergründungen: 1145 Weißenau bei Ravensburg, 1147 Steingaden bei Füssen, 1152 Kaiserslautern und 1171 Obermarchtal bei Ehingen. 1179 wurde Rot durch ein Privileg Kaiser Friedrichs II. unter unmittelbaren kaiserlichen Schutz gestellt und damit der Grundstein für die spätere Reichsunmittelbarkeit des Klosters gelegt. Das Dorf Rot befand sich als Sitz der Verwaltung und Mittelpunkt des Pfarrsprengels um 1182 ganz im Besitz der Prämonstratenser und wurde in einen Eigenbetrieb des Klosters umgewandelt. Durch Schenkungen und Grunderwerb konnte der Klosterbesitz bedeutend erweitert und zu einem geschlossenen Kerngebiet um Rot und Haslach ausgebaut werden. Die wirtschaftliche Versorgung sicherte daneben immer wieder die Inkorporation von Pfarreien. Nach der großen Pestepidemie von 1348 traten vermehrt Männer aus Bürgertum und Bauernstand in das Kloster ein, die keine großen Güter mehr einbrachten. Missernten, Brände und Kriege beschleunigten den Niedergang, bis 1391 nur noch drei Mönche verzeichnet wurden.

Nachdem der Abt von Weißenau schließlich die Verwaltung des heruntergekommenen Stifts übernommen hatte, wurde 1407 der Truchsess Johann von Waldburg zu seinem Verwalter bestellt. Der erneute Aufschwung setzte unter Abt Martin Hesser (1420–1457) aus Obermarchtal ein, der auch als zweiter Gründer von Rot bezeichnet wird und die Wiederherstellung des geistlichen Lebens im Kloster, den Rückerwerb des verpfändeten und verkauften Besitzes sowie den Wiederaufbau der Klausurgebäude (ab 1441) energisch vorantrieb.

Konventsgebäude, Gästeflügel der Südseite, Blick in das Treppenhaus und den stuckierten Korridor im Obergeschoss (um 1685)

Seit 1458 besaß Rot das einträgliche Vorrecht, die inkorporierten Pfarreien mit Klostergeistlichen zu besetzen. Die Verpfändung der Hohen Gerichtsbarkeit an Rot im Jahr 1616 durch Erzherzog Leopold von Tirol festigte die reichsunmittelbare Stellung der Abtei, die neben Privilegien aber auch Kosten für Reichspolitik und Verwaltung mit sich brachte.

Nach Plünderungen im Bauernkrieg 1525 und im Schmalkaldischen Krieg 1546 erfolgte er-

Deckenstuck (um 1685) im Heilig-Geist-Türmchen des Abteiflügels (ehemaliges Schreibzimmer des Abtes)

neut der rasche Niedergang, dem jedoch durch die umsichtigen Reformen des Abtes Martin Ehrmann (1560–1589) begegnet werden konnte. In den Wirren des Dreißigjährigen Kriegs wurde Mönchsroth, das bei einer Visitation 1601 noch als im besten Stand befunden worden war, mehr als zweihundertmal geplündert. Nach der Wiederaufbauphase bemühte sich Abt Martin Ertle (1672–1711) um die religiöse Bildung der Kleriker, verstand es jedoch auch, eine kluge Wirtschaftspolitik zu betreiben.

1681 traf erneut ein schwerer Schicksalsschlag das Kloster, als nach drei kleineren Bränden am 6. Mai nahezu die ganze Abtei durch einen verheerenden Großbrand vernichtet wurde. Abt Martin entschloss sich sofort zum Wiederaufbau am alten Ort und ließ bis 1689 die hochbarocke Anlage errichten, die sich außer einem im 19. Jh. abgebrochenen östlichen Gebäudeflügel mit Bibliothek und Kapitelsaal bis heute erhalten hat. Die Erneuerung der Kirche erfolgte im Anschluss daran bis 1702.

Das 18. Jh. ist geprägt von Kontinuität und Wohlstand, die Rot zu einem Großteil Abt Hermann Vogler (1711–1739) verdankte. Dieser Barockprälat hatte sich sowohl der Seelsorge als auch dem Bauen verschrieben. Er war zudem ein großer Förderer von Wallfahrt und Reliquienverehrung.

Die Geschichte des Reichsstifts Mönchsroth fand 1803 ein jähes Ende, als nach dem Frieden von Lunéville die Reichsgrafen für den Verlust ihrer linksrheinischen Gebiete durch die Säkularisation der geistlichen Staaten im Reich entschädigt wurden. Am 25. Februar 1803 sprach die Reichsdeputation Mönchsroth dem Grafen Ludwig von Wartenberg zu, der den Komplex unter dem neuen Namen Rot an der Rot schon am 1. März desselben Jahres in Besitz nahm. Das Klostergebäude diente danach, auch unter den späteren Erben, den Grafen von Erbach, als Schloss. Die Klosterkirche und die Bruderschaftskirche St. Johann am Friedhof wurden später durch die Pfarrgemeinde Rot abgelöst. Die Konventsgebäude und Teile der Klostergüter erwarb 1936 die Württembergische Landsiedlung. Nach einer zwischenzeitlichen Nutzung durch die Stadt Stuttgart folgte von 1947–1959 der Versuch, erneut den Prämonstratenserorden in Rot anzusiedeln. 1960 wurde das mittlerweile in der Bausubstanz bedrohte Klostergebäude von der Diözese Rottenburg angekauft und nach seiner vorbildlichen Restaurierung das Jugend- und Bildungshaus St. Norbert eingerichtet.

West- und Südflügel der Konventsgebäude

Die Baugeschichte der ehemaligen Klosterkirche St. Verena

Historische Daten der **Vorgängerbauten** der Abteikirche sind bedingt durch die Brände 1182 und 1681 nur bruchstückhaft überliefert worden. Das erste Gotteshaus, das wohl unter Propst Burkhard errichtet wurde, ging vermutlich bei der Feuersbrunst von 1182 verloren. 1338 ließ Abt Konrad von Au (1311–1349) einen neuen Chor mit Hochaltar errichten. Unter Abt Martin Hesser (1420–1457) arbeitete Baumeister Johann von Regensburg zwischen 1440 und 1450 an der Konventskirche. Abt Konrad Ehrmann (1501–1520) vollendete 1506 einen Neubau, den 1509 der Konstanzer Generalvikar mit 16 Altären weihte. Der **gotische Kirchenbau** überdauerte wohl bis zum Brand von 1681, der Dach und Chor sowie den Turm stark beschädigte. In der Folgezeit wurde unter Einbeziehung der bestehenden Mauerzüge bis 1702 unter Abt Martin Ertle ein **barockes Gotteshaus** errichtet, von dem sich die hervorragend ausgestaltete Sakristei (s. S. 12 f.) und das prachtvolle Chorgestühl (s. S. 28 ff.) erhalten haben. Auch die Untergeschosse der beiden Türme stammen aus dieser Bauphase. Der südliche Norbertusturm musste nach seiner vorläufigen Wiederherstellung 1682 schon im folgenden Jahr neu errichtet werden, während man den Verenaturm an der Nordseite 1690–1693 unter Einbeziehung gotischer Mauerteile baute und erst 1702 vollendete.

Das **heutige Gotteshaus** entstand in zwei Bauphasen von **1777–1786** durch die Initiative des Abtes Mauritius Moritz (1760–1782), der den Neubau gegen den Widerstand des Konvents durchsetzte. Am Beginn der Arbeiten stand 1777/78 die Errichtung des Chors, die Johann Baptist Laub leitete, der in den Urkunden des Klosters als »unerfahrener Baumeister« bezeichnet wird. Nach dem teilweisen Abbruch des Langhauses verstarb Abt Mauritius 1782. Sein Nachfolger Willebold Held (1782–1789) musste nun als vordringlichste Aufgabe den Kirchenbau fertig stellen und verständigte sich zunächst mit dem Konvent, die Leitung des Projekts selbst in die Hand zu nehmen. Als Grundlage dienten Baurisse aus dem Tochterkloster Obermarchtal und Fachliteratur wie Vitruvs Bücher über die Baukunst und Furtenbachs Werke zur Mechanik, die er für die Klosterbibliothek anschaffte. Nach der Billigung des Plans durch den Konvent erfolgte am **26. März 1783** die **Grundsteinlegung** für den Neubau, der durch die Zusammenarbeit der Mönche und Handwerker des Klosters bis zum 28. Oktober desselben Jahres vollendet war. Die enge Einbeziehung des Konvents ist im Kir-

Portrait des Abtes Willebold Held von G. Kirchmann (1783), zweite Kapelle von Westen (Südseite) in der Pfarrkirche St. Verena (s. S. 42)

chenbaubuch belegt: P. Siardus Binder fungierte als Bauinspektor, der Küchenmeister Mauritius Sohler fertigte das Kirchenmodell und der Klosterschreiner Martin Barthen zeichnete die Baurisse.

Das am 26. März 1784 begonnene Gewölbe stürzte jedoch bei Abnahme der Gerüste am 9. Juni ein und begrub sechs Menschen. Nach Hinzuziehung des Architekten Knoll aus Memmingen wurden die Gewölbe binnen sechs Wochen erneut errichtet. Im Anschluss daran fertigte Franz Xaver Feichtmayr II. von 1784–1786 den Stuck im Innenraum und die Altäre, während der Maler Januarius Zick 1784 in einundzwanzig Wochen die großartigen Deckengemälde schuf. Am 8. Oktober desselben Jahres erfolgte die Benediktion durch Abt Willebold. Nach Vollendung der Ausstattung und Wiederaufstellung des Chorgestühls folgte am **16. Juli 1786** die feierliche **Konsekration** durch den Weihbischof von Konstanz. Als glanzvoller Schlusspunkt wurde um 1792 die Orgel von Johann Nepomuk Holzhey in den Kirchenbau eingefügt.

Nach der Säkularisation gelangte St. Verena nach einigen Jahrzehnten in den Besitz der Kirchengemeinde Rot. Massive Schäden im Gewölbe des Chors erforderten von 1962–1965 eine umfassende Außen- und Innensanierung. Die Instandsetzung der Hauptorgel, die seit 1970 vorbereitet wurde, fand 1989 ihren Abschluss. Die jüngste Restaurierung des Innenraums lässt seit dem Ende des Jahres 2000 das frühklassizistische Gotteshaus erneut in vollem Glanz erstrahlen – termingerecht zur 875-Jahrfeier der Klostergründung.

Kupferstich von François Nicole - Prospekt des »Collegii Rothensis« -, der die Klosteranlage wohl um 1730 zeigt (in: »Sacri et Canonici ordinis Praemonstratensis Annales«, Bd.2, erschienen 1736 in Nancy)

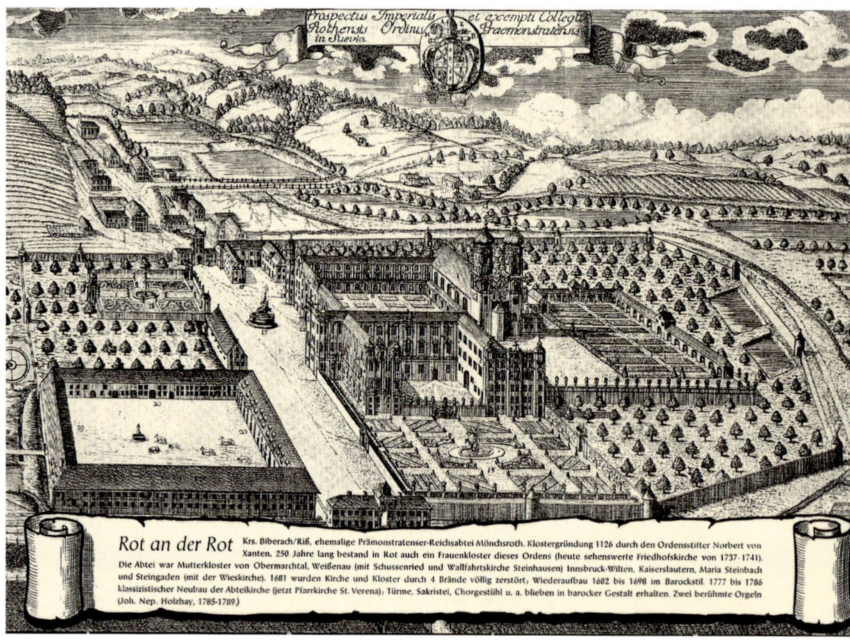

Der Außenbau

Der Kirchenbau am Nordrand des Klosterbezirks entstand im unverwechselbaren Übergangsstil vom Barock zum Klassizismus, wobei auch am Außenbau das Verschmelzen der Stilrichtungen klar erkennbar wird. Seine Grundformen stammen weitgehend aus der Barockzeit, während der Wille zu klassizistischem Denken und Formempfinden durch die Ausgestaltung der Architekturdekoration und ihre Zurückhaltung ihren Ausdruck findet.
Die **Westfassade**, die 1785 vollendet wurde, entspricht in ihrem klaren Aufbau am vollendetsten dieser neuen, von der Antike inspirierten Stilrichtung. Die architektonische Gliederung setzt sich in Weiß- und Grautönen von den glatt verputzten, gelben Mauerflächen ab. Die schmale, hoch aufragende Giebelfront wird durch toskanische Pilaster, die sich auf hohen Sockeln erheben, in drei Achsen geteilt und von einem Gebälk mit Triglyphenfries (griech. »Dreischlitz«) zusammengefasst, das zusätzlich das Wappen des Abtes Willebold Held schmückt. Die breite Mittelachse, die als sehr flacher Risalit (vorspringender Bauteil) ausgebildet ist, akzentuiert ein pilastergerahmtes Rundbogenportal mit Segmentgiebel und Wappenkartusche. Darüber befindet sich ein großes Rundbogenfenster. In den Seitenteilen schließen sich kleinere Portale mit geschweiften Giebelverdachungen an, denen Rundbogennischen mit Holzbildwerken zugeordnet sind. Sie zeigen den Gründer des Prämonstratenserordens, den Hl. Norbert von Xanten (re.), sowie den Hl. Augustinus, nach dessen Regel die Ordensgemeinschaft Norberts lebt. Das einachsige Obergeschoss mit seinem abschließenden Dreiecksgiebel wird ebenfalls von toskanischen Pilastern gerahmt. Seitlich schließen sich eckig

Westfassade der Pfarrkirche St. Verena und Westflügel der Konventsgebäude

ausgeformte Voluten an. In der Mittelnische befindet sich eine Terrakottafigur der Hl. Verena, die als Kirchenpatronin schon die Anfänge des Klosters begleitete. Vor der Westfassade steht seit 1976 eine monumentale **Kreuzigungsgruppe** (Abb. S. 8). Der Korpus des Gekreuzigten wurde möglicherweise für den Chorbogen der Stiftskirche von 1338 geschaffen. Nach einer Überarbeitung im späten 17. Jh., während der wohl auch die Maria- und die Johannesfigur hinzugefügt wurden, gelangte die Gruppe in die Totenkapelle nach St. Johann. Die lang gestreckten Außenwände des Kirchenschiffes besitzen sechs Fensterachsen, bei denen einem tief sitzenden Oculus jeweils ein hohes Rundbogenfenster zugeordnet ist. Die zurückhaltende Architekturgliederung besteht lediglich aus dem Sockelband und dem verein-

Kruzifix aus der Zeit um 1338 mit Assistenzfiguren des späten 17. Jh., Kreuzigungsgruppe vor der Westfassade der Pfarrkirche St. Verena

fachten Gebälk der Westfassade, die hier um die Ecke geführt wurden.

Die **Baugruppe im Osten**, die aus dem Turmpaar mit der nördlich angeschlossenen Sakristei sowie dem Chor besteht, schließt sich mit den Klosterbauten zu einer prachtvollen Gruppe zusammen, die von den hoch aufragenden Türmen dominiert wird. Die Grundformen entstammen hier der letzten Phase des Spätbarock. Über dem durchgezogenen Gebälk erhebt sich ein kleiner, geschweifter Giebel, den eine Figur des Hl. Mauritius von Agaunum, des Onkels der Hl. Verena, bekrönt. Flankiert wird er von Putten, die seine Embleme und Feldzeichen tragen.

Die Türme ragen glatt und ungegliedert bis über die Traufhöhe des Schiffs hinaus. Über dem pilastergerahmten Geschoss mit den rundbogigen Schallöffnungen folgt ein achteckiger Aufsatz, der von einer eleganten, zweifach eingeschnürten Zwiebelhaube mit Turmknauf und Kreuz bekrönt wird.

Der Innenraum (Abb. S. 10)

Die Pfarrkirche St. Verena beeindruckt durch die imposante Größe ihres festlich geschmückten Innenraums. Die Klarheit und der Rhythmus der einheitlich gebildeten Architektur verkörpern die edle Zurückhaltung des klassizistischen Zeitideals. Dazu trägt auch die ruhige, klare Lichtführung und die Harmonie zwischen der weiß belassenen Architekturdekoration und der farbig gefassten Ausstattung bei. Gerade im Gegensatz von barockem Raumschema und klassizistischer Ausformung der Details liegt der besondere Reiz der ehemaligen Klosterkirche.

Der **Grundriss** des Gotteshauses wurde von Abt Willebold Held entwickelt, der in den Urkunden auch als »architectus infulatus« (geistlicher Architekt) bezeichnet wird. Seine Raumdisposition orientierte sich am Vorbild der Klosterkirchen in Obermarchtal (1686) und Irsee (1699–1702), in denen das so genannte Vorarlberger Münsterschema Anwendung fand: eine Wandpfeilerkirche in Form eines Saalbaues mit Längsausrichtung. Der Bauplan war in Rot durch die Übernahme der Türme und die damit verbundene Dimensionierung des Chors schon in Teilen festgelegt, und auch die Anlage eines großen Mönchschors durch die Nutzung notwendig. Im Unterschied zu Obermarchtal verzichtete Held auf ein deutlich ausgeprägtes Querhaus sowie tiefere Wandpfeiler, was die Tendenz zum Einheitsraum stärker betont.

Ansicht der Pfarrkirche St. Verena von Nordosten

Die westliche Achse wird von der Orgelempore und dem darunter liegenden Vorraum eingenommen. Die vier darauf folgenden Langhausjoche besitzen flache, nischenartige Seitenkapellen, die von in den Raum eingerückten Wandpfeilern gebildet werden und horizontal durch eine umlaufende Empore geteilt sind. Das fünfte Pfeilerpaar von Westen ist stärker eingezogen und bildet zusammen mit den westlichen Turmpfeilern eine annähernd quadratische Vierung, den Mönchschor, dem seitlich querschiffartige Raumteile zugeordnet sind. Bedingt durch die Türme folgt darauf ein eingezogenes Vorchorjoch sowie das eigentliche Presbyterium mit korbbogigem Schluss.

Das **Muldengewölbe** des Langhauses ist unter klassizistischem Einfluss sehr flach ausgeformt und wird nach dem ersten und vierten Joch von Westen jeweils durch ein Gurtband abgeteilt, während die mittleren drei Joche vereinheitlichend zusammengefasst sind. Seitlich schließen über den angrenzenden Nischen kurze Quertonnen als Verbindung zwischen den Wandpfeilern an. Nach dem korbbogigen, glatt gestalteten Triumphbogen folgt die Vierung mit Flachkuppel und seitlich anschließenden Quertonnen. Das Turmjoch besitzt ebenfalls ein von Gurtbändern abgeteiltes Tonnengewölbe, während der ältere Chor mit einem Stichkappengewölbe versehen ist, dessen Gurt- und Stichbögen halbrund gestaltet sind. Der eigentlich längsgerichtete Bau wird somit in der Deckenzone durch eine gemalte Scheinkuppel in den drei mittleren Langhausjochen und durch eine Flachkuppel in der Vierung zentralisierenden Tendenzen unterworfen, welche die Raumbewegung zum Altar hin stauen und rhythmisieren.

Die **Aufrissgliederung** der Langhausjoche erfolgt durch mächtige Wandpfeiler, die an ihrer Stirn und den Flanken mit drei kannelierten Pilastern auf hohen Piedestalen versehen sind. Die ionischen Kapitelle mit den voluminös vortretenden Voluten sind mit einer Lorbeergirlande geziert. Das darüber ansetzende Kranzgesims, das jeweils als Segment zur Wand zurückläuft, ist mit höchster Präzision durchgeformt und mit Blattfriesen, Zahnschnitt und Eierstab fein ornamentiert. Die Profilierung der Architekturteile in Langhaus und Chor erfolgte 1784 durch den Stuckator Franz Xaver Feichtmayr II. Bei den vorangegangenen Stuckierungen im Ostteil der Kirche von 1779/80, bei denen noch der Stuck und nicht die Malerei die ornamentale Gestaltung der Gewölbe übernimmt, ist auch der ältere Bruder Simpert Feichtmayr nachweisbar tätig.

Die **Emporenbrüstung** der Seitennischen besteht aus einem klassizistischen Flechtbandmotiv, das im Mittelteil balkonartig vorge-

Blick durch den Innenraum der Pfarrkirche St. Verena (1777–1786) zum Hochaltar

schwungen ist. Die Nischenräume werden durch große Oculi belichtet, deren tiefe Laibung mit einem reich profilierten Rahmen, Akanthusschlussstein und Lorbeergirlande ausgeziert sind. Die hohen Rundbogenfenster über den Emporen besitzen ebenfalls fein ornamentierte Gewände mit Zahnschnitt und Blattfriesen, die von einer Fruchtgirlande eingefasst werden.

Die **Orgelempore** in der westlichen Langhausachse erhebt sich über einer dreijochigen, gewölbten Vorhalle und ist gegen die Brüstungen der Langhausseiten leicht nach oben versetzt. Den beiden Emporenstützen sind auf der Ostseite kannelierte, toskanische Pilaster vorgelegt, über denen Volutenkonsolen mit Engelsköpfchen und durchgeschlungenen Fruchtgirlanden die Flechtbandbrüstung der Empore stützen, die in der Mitte vorgeschwungen ist. Den Scheitel der korbbogigen Mittelarkade schmückt eine Engelsgruppe in Wolken, deren chronostisches Schriftband mit seinen Großbuchstaben die Jahreszahl 1785 nennt (GLorIa In eXCeLsIs Deo saLVs et paX hoMInIbVs – Ehre sei Gott in der Höhe, den Menschen Heil und Friede).

Den Übergang zum **Mönchschor** akzentuiert die Verdoppelung der ionischen Pilasterordnung, die hier zusätzlich den Triumphbogen trägt und in den Detailformen denen des Langhauses entspricht. Die querschiffähnlichen Räume beiderseits der Vierung sind wie die Nischenräume im Schiff gestaltet. In den Tonnengewölben befinden sich hier Medaillons mit Rankenvoluten und musizierenden Engeln, und auch die Fensterrahmungen sind reicher ausgestaltet.

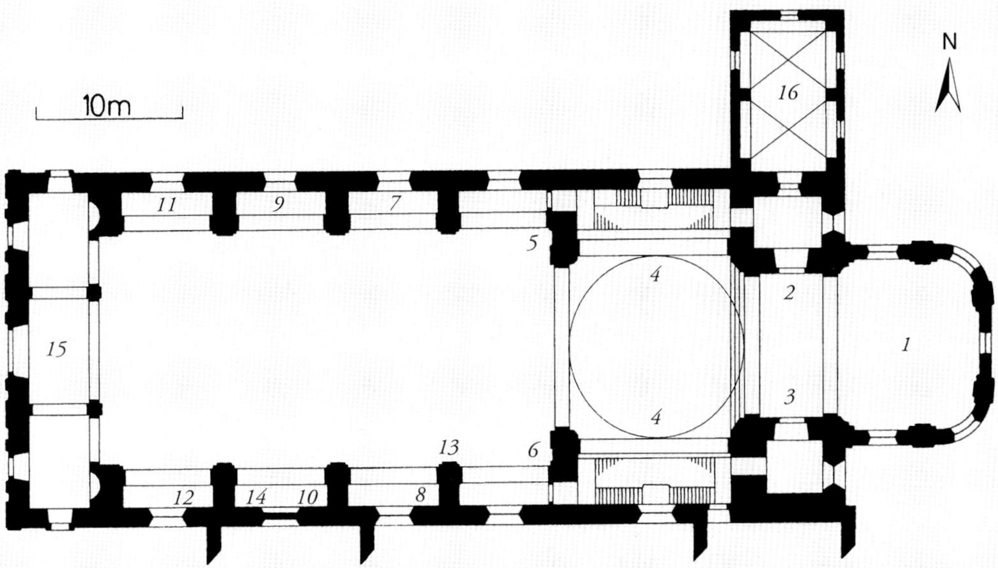

Grundriss der Pfarrkirche St. Verena

1 *Hochaltar (S. 22)*
2 *Abtssitz (S. 27)*
3 *Kredenztisch (S. 29)*
4 *Chorgestühl (S. 29)*
5 *Adamsaltar (S. 36)*
6 *Johannesaltar (S. 36)*
7 *Aureliusaltar (S. 36)*
8 *Domitiaaltar (S. 36)*
9 *Mosesaltar (S. 40)*
10 *Kreuzaltar (S. 40)*
11 *Almachusaltar (S. 40)*
12 *Benediktusaltar (S. 40)*
13 *Kanzel (S. 41)*
14 *Portrait des Abtes Willebold Held (S. 42)*
15 *Orgel (S. 42)*
16 *Sakristei (S. 12)*

Der östlich anschließende Chor setzt ebenfalls die Langhausgliederung fort. Die Gewölbeflächen sind hier reich mit Stuckarbeiten im Stil des Louis-Seize ausgestaltet, die die Grundlinien der Architektur mit Lorbeerfestons, Perlstäben und Blattgirlanden belegen. Das schmale, westliche Turmjoch wurde mit großen, rechteckigen Stuckmarmorportalen versehen. In der Supraporte befinden sich Stuckreliefs mit symbolischen Darstellungen der Opfer des Alten (li.) und des Neuen Bundes. Darüber ist jeweils eine anmutige Loge in die Wand gesetzt, die von Pilastern mit Blattgehängen gerahmt und von einer zurückgeschlagenen Vorhangdraperie mit Engeln umgeben wird. Die Stichkappengewölbe in den beiden östlichen Chorjochen und dem Chorhaupt sind mit Engeln, Blumenkörben und Blütengirlanden reizvoll ausgeschmückt.

Die Sakristei (16)

Der kleine Satteldachbau, der aus der Zeit um 1690 stammt, befindet sich an der Nordseite des Norbertusturms. Er blieb beim Abbruch des barocken Gotteshauses erhalten und vermittelt durch seine prachtvolle Ausgestaltung einen Eindruck von dem barocken Kirchenbau. Der Zugang erfolgt über das linke Portal der Turmloge durch einen Vorraum mit aufwändiger Stuckdecke. In der Ostwand befindet sich seit 1978 in einer Nische ein modernes Reliquiar der Kirchenpatronin Verena.

Die Sakristei ist das vollendete Beispiel einer komplett erhaltenen Raumdekoration an der Wende zum 17. Jh. Der zweijochige Raum besitzt ein flaches Tonnengewölbe mit Stichkappen, das sich auf rechteckigen Wandpfeilern mit toskanischen Kapitellen erhebt. In den Fensterachsen sitzen jeweils Oculi mit Akanthusvoluten und Engelsköpfchen über glatten Rechteckfenstern. Die Decke schmückt reicher, voluminöser Stuck aus der Wessobrunner Schule, der von einem unbekannten Meister gefertigt wurde. Die Stuckdekoration orientiert

Die Sakristei der Pfarrkirche St. Verena mit ihrem voluminösen Stuck aus der Wessobrunner Schule (um 1690)

sich am System der Gewölbegrate, die mit umwundenen Lorbeerstäben betont sind. Der Scheitel und die Kappen des Gewölbes sind mit einer Folge von Stuckkartuschen versehen, während die Flächen dazwischen von üppigen Blattranken und Fruchtgehängen ausgefüllt werden, welche die Lorbeerstäbe förmlich umwinden.

Die **Fresken** in den Kartuschenrahmen zeigen vornehmlich Heilige und Märtyrer aus dem Prämonstratenserorden. Die Folge beginnt in der Mittelreihe, von Süden aus betrachtet, mit dem Sel. Gottfried von Kappenberg (1097–1127), der den Orden mit reichen Stiftungen bedachte. Danach folgen der Hl. Augustinus (354–430) als Regelvater der Prämonstratenser, die Kirchenpatronin Verena mit dem Klosterwappen, der Hl. Norbert und der Sel. Wilhelm Eiselin (1564–1588), ein Prämonstratensermönch aus Rot. Auf der rechten Seite sind zu sehen der Hl. Hermann Josef (1150–1241), ein Mystiker und Hymnendichter zu Ehren Mariens, der Sel. Siardus († 1230), der Abt von Mariengaard in Friesland, sowie der Sel. Eelko († 1332), ein Abt aus Lidlum in Holland. Auf der linken Seite befinden sich Bildnisse der Heiligen Adrian von Hilvarenbeek und Jakob Lakops, die beide 1572 in Gorkum den Märtyrertod erlitten. Das Gemälde dazwischen zeigt den Sel. Friedrich († 1175), Propst und Gründer des Klosters Mariengaard.

Die ringsum laufenden, kunstvoll geschnitzten Sakristeischränke sind mit einem Wappen versehen, das die Initialen M. AZR (Martin Ertle, Abt zu Rot) und die Jahreszahl 1695 trägt. Die Türfüllungen werden von Halbsäulen mit ornamentiertem Balusterschaft und korinthischen Kapitellen abgeteilt, die sich auf Volutenkonsolen erheben. Die Türblätter selbst schmücken Rankenvoluten, die von Blattmasken ausgehen. In die Südostecke ist ein Lavaboschrank mit muschelförmiger Nische eingepasst. Der Ankleidetisch in der Mitte besitzt Einlegearbeiten und ist mit den Initialen H. AZR (Hermann Vogler) sowie dem Datum 1725 versehen.

Gekuppeltes Säulenpaar an einem der Schränke der Sakristei (1695)

Fresko der Kirchenpatronin Verena im Gewölbe der Sakristei (um 1690)

Die Deckengemälde

Die malerische Dekoration der Kirche entstand in zwei aufeinander folgenden Phasen durch **Andreas Meinrad von Ow** (1712–1792), der 1780 den Chorraum gestaltete, und **Januarius Zick** (1730–1797), der 1784 die Ausgestaltung von Langhaus und Vierung übernahm. Zick, der 1760 zum kurfürstlichen Hofmaler in Trier

Austreibung der Wechsler und Händler aus dem Tempel, westliches Deckenfresko im Langhaus der Pfarrkirche St. Verena von Januarius Zick (1784), Detail

ernannt worden war, zählt zu den bedeutendsten Malern des ausgehenden 18. Jh. Neben seinem Œuvre als Tafelmaler stellen besonders die großen Freskenzyklen in den oberschwäbischen Klosterkirchen Wiblingen (1778–1781), Oberelchingen (1782–1783) und Rot die Krönung seines künstlerischen Schaffens dar.
In Rot entwarf Zick neben den vier großen Deckengemälden auch die Dekorationsmalerei auf den verbleibenden Gewölbeflächen, die die Architektur nach oben hin ersetzen und fortführen und auch den Stuck in seiner Funktion ablösen. Diese Malerei ist in ihrer Farbgebung als Grisaille äußerst zurückhaltend gestaltet, während sie in den Einzelformen und der Hinwendung zum klassizistischen Detail große Qualität beweist. Gurtbogen und Rahmen wurden in erstaunlich illusionistischer Weise mit Kassettierung und ornamentaler Profilierung versehen. Die Gewölbefelder füllen Arabesken mit Blättern und spiraligen Ranken, Arrangements aus Sphinxen und Kandelabern oder auch reizende Putten mit Blütenkränzen und Körben. Den Rahmen des großen Mittelfreskos im Langhaus stützen scheinbar Atlanten, die auf ihren Köpfen bepflanzte Vasen balancieren. Den Triumphbogen schmückt ein Uhrengiebel mit Engeln und Lorbeergirlanden, während die

Der zwölfjährige Jesus im Tempel, mittleres Deckenfresko im Langhaus der Pfarrkirche St. Verena von Januarius Zick (1784)

Zwickel der Vierungskuppel mit Darstellungen der vier Evangelisten und ihrer Attribute geschmückt sind.
Die drei großen Deckenfresken im Langhaus thematisieren das öffentliche Wirken Jesu. Das runde Bild in der Kuppel der Vierung, im Mönchschor, ist der Aufnahme Mariens in den Himmel gewidmet. **Das erste Fresko im Westen** zeigt als querformatige, einjochige Darstellung die **Austreibung der Wechsler und Händler aus dem Tempel**, eine Szene, die hier als Aufforderung und Mahnung an die Gläubigen gerichtet ist, das Haus Gottes zum Gebet mit Andacht zu betreten. Die dramatische Darstellung schildert den Moment, als Jesus aus dem Tempel stürzt und einen der angsterfüllten Wechsler an der Schulter packt (Abb. S. 14). Die Hirten, die ihre Opfertiere im Tempel feilboten, stürmen auf der linken Seite davon, während die Wechsler noch versuchen, ihre Geldbörsen an sich zu raffen. Zwei Gelehrte betrachten direkt daneben mit intensiver Gestik diese Szene, die sich vor dem Hintergrund eines gewaltigen Säulenportikus abspielt. In der Komposition, die trotz ihres schwierigen Formats hervorragend gelöst ist, liegt das Hauptaugenmerk auf Jesus, der zudem auch mit koloristischen Mitteln als Hauptperson charakterisiert ist.
Das ovale Hauptbild im Langhaus erstreckt sich über drei Achsen und zeigt den lehrenden **zwölfjährigen Jesus im Tempel**, in lebhafter Diskussion mit den Schriftgelehrten (Abb. S. 15). Der Gottessohn steht vor den Gesetzestafeln auf einem Podest, überhöht von der monumentalen, klassizistischen Kuppelarchitektur, die von einem Gurtbogen mit Vorhangdraperie überfangen wird. Unten begrenzt die Darstellung ein Brückenbogen, von dem eine Treppe nach oben führt. Auf den Stufen und zuseiten des Altars gruppieren sich die Schriftgelehrten

Mittleres Deckenfresko im Langhaus der Pfarrkirche St. Verena von Januarius Zick (1784)

S. 16 und rechts unten: Details der Schriftgelehrten

Rechts oben: Detail des zeitgenössisch gekleideten Paares im Vordergrund

um den Zwölfjährigen im Zentrum der Komposition. Ihren intensiven Gedankenaustausch verdeutlicht die expressive Gestik und Mimik, die von Erstaunen und Ungläubigkeit bis hin zu Furcht und Erschrecken reicht. Auf der linken Seite nähern sich Maria und Joseph mit deutender Geste der Szene. Die Architekturkulisse wird durch tonige, zurückhaltende Farbgebung von den intensiv farbigen Gewändern der Personen abgesetzt. Auch in den komplementären Farben der Stoffe findet die konträre Haltung der Schriftgelehrten ihren Ausdruck. Die Komposition wird durch einen Terrainstreifen nach hinten versetzt und das Bühnenhafte der Darstellung noch durch ein zeitgenössisch gekleidetes Paar verstärkt, das wie der Betrachter selbst das Geschehen im Tempel beobachtet. Hier tritt die Tendenz des Klassizismus zur Historienmalerei zutage, die anstelle der visionären Welt des Barock genrehafte Züge und die Liebe zum Detail setzt. Ein Beispiel dafür ist auch die Schwalbe, die im geöffneten Laternenfenster der Kuppel sitzt.

Ein weiteres **Fresko** folgt im Joch **vor dem Triumphbogen** und zeigt als querformatige Komposition das **letzte Abendmahl** (Abb. S. 18). Christus sitzt mit den Jüngern an einer langen Tafel, bricht das Brot und prophezeit den Verrat. Zick wählte wieder den dramatischsten Moment des Geschehens und gibt in beeindruckender Weise die Reaktionen der Einzelnen wieder, so etwa die des Apostels Johannes, der überwältigt über dem Tisch zusammengesunken ist. Die schmucklose Halle im Hintergrund betont die zentrale Stellung des Gottessohnes durch die brennende Öllampe über seinem Haupt und fasst die Jünger durch die Stichkappen des Gewölbes zu einer geschlossenen Gruppe zusammen. Deswegen wirkt die Abwendung des Judas auf der rechten und die

fragende Geste des Thomas auf der linken Seite umso dramatischer (Abb. S. 18). Die Farben sind symmetrisch verteilt und die ganze Komposition erscheint – dem Thema entsprechend – beruhigt.

Das runde **Deckengemälde in der Vierung**, dem Mönchschor, ist der **Aufnahme Mariens in den Himmel** (Abb. S. 19) gewidmet. Es wird umgeben von den Darstellungen der vier Evangelisten mit ihren Attributen in den Gewölbe-

zwickeln. Die Gottesmutter, durch Sternennimbus und Mondsichel als Immaculata charakterisiert, steigt von Wolken und Engeln getragen aus dem geöffneten Sarkophag empor. Sie wird von Christus mit einer graziösen, gänzlich rokokohaften Geste empfangen. Putten eilen ihr mit einem Kronreif und Rosenkränzen aus dem bewegten Wolkenhimmel entgegen, wo Gottvater mit segnendem Gestus thront.
Die Personen, die sich um das leere Grab versammelt haben, nehmen die himmlische Sphäre nicht wahr. Maria Magdalena beugt sich nachdenklich über den offenen Sarkophag, während Johannes erschrocken zurückweicht. Die irdische Zone ist wieder in starker Untersicht dargestellt. Das schmale Stufenpodest und der Terrainstreifen, der von Zick datiert und signiert wurde, sind in die konzentrische Komposition mit eingebunden und der Rahmung entsprechend geschwungen. Dieses Bild von strahlender Farbgebung und perspektivischer Perfektion stellt bildhaft das Ziel aller menschlichen Lebenspilgerschaft dar. Die Fresken von Januarius Zick bewegen sich wie der ganze Kirchenbau im Spannungsfeld von Spätbarock und Klassizismus. Während die Architekturkulissen schon ganz in der neuen Formensprache gehalten sind und Klarheit und Einfachheit in der Komposition angestrebt werden, bleiben Ausdruck und Bewegung doch ganz dem Rokoko verhaftet. Durch die Konzentration auf die wesent-

Oben:
Das letzte Abendmahl, östliches Deckenfresko im Langhaus der Pfarrkirche St. Verena von Januarius Zick (1784)

Unten links:
Detail des Apostels Thomas

Unten rechts:
Detail des Judas, der sich von den Jüngern abwendet

Rechte Seite:
Himmelfahrt Mariens, Deckenfresko im Mönchschor der Pfarrkirche St. Verena von Januarius Zick (1784)

IA: ZICK. COFLU:
INV: ET PINX:
1784

Verherrlichung des Hl. Norbert von Xanten, Deckenfresko im Chor der Pfarrkirche St. Verena von Andreas Meinrad von Ow (1780)

lichen Handlungsstränge gelingt es Zick jedoch, seine Kompositionen ins Monumentale zu steigern.

Die **Deckengemälde im Chor** schuf der Freskenmaler Andreas Meinrad von Ow 1780 im Stil des Spätbarock. Die bewegten, figurenreichen Kompositionen wurden ohne architektonischen Aufbau unmittelbar in die reich ornamentierten Stuckrahmen des Chorgewölbes gesetzt. Die Farbgebung wirkt matt und blass und ist ohne Akzentuierung der Farbwerte gleichmäßig über die Fläche verteilt. Thematisch sind die Fresken auf den Ordensgründer der Prämonstratenser, den Hl. Norbert von Xanten, bezogen. Das **Deckengemälde im Turmjoch zeigt die Verherrlichung des Heiligen** in einer Wolkenglorie. Er sitzt in einem goldenen Wagen, dessen Joch von der personifizierten Demut gezogen wird. Ein Engel zur Linken Norberts präsentiert die Zeichen der Bischofswürde, Mitra und Hirtenstab, während sich rechts von ihm ein Posaunenengel anschließt. Zu seinen Füßen sind allegorische Darstellungen der Ordenstugenden Keuschheit (Lilie), Gehorsam (Zicklein) und Armut (Münzschatz) zu sehen. Das **große Bildoval im Chor** schildert die **Übergabe des weißen Ordenskleides** durch die auf Wolken thronende Madonna an Norbert. Engel und Cherubim umgeben kreisförmig die zentrale Komposition und tragen liturgische Gewänder und Geräte für die Hl. Messe herbei. Die Spinne über dem Kelch bezieht sich auf die Legende eines Messwunders, als Norbert das giftige Tier, das in den Kelch gefallen war, mit dem Blut Christi trank und unbeschadet blieb.

Übergabe des weißen Ordenskleides durch die Madonna an den Hl. Norbert von Xanten, Deckenfresko im Chor der Pfarrkirche St. Verena von Andreas Meinrad von Ow (1780), darunter die Baldachinarchitektur des Hochaltars von Franz Xaver Feichtmayr II. (1785/86)

Der Hochaltar und die Ausstattung des Chorraums

Als glanzvoller Schlusspunkt des Chorraums erhebt sich der barocke Aufbau des Hochaltars vor der Rückwand des Presbyteriums (**1**). Er bildet den architektonischen Zielpunkt der Langhausachse und setzt sich als imposanter Baldachinaufbau aus rotem Stuckmarmor gegen das zurückhaltende Weiß der Raumschale ab. Der Hochaltar stammt wie die gesamte übrige Altarausstattung und die Kanzel von Franz Xaver Feichtmayr II., der 1785/86 diese Aufgabe übernahm.

Die triumphbogenartige Baldachinarchitektur des Altars erhebt sich über einer hohen, in die Tiefe gestaffelten Sockelzone, zu der geschweifte Seitenteile mit durchbrochen geschnitzten Kandelabern hinleiten. Die kannelierten Säulen, die im unteren Drittel mit goldenen Rundstäben versehen sind, besitzen korinthische Kapitelle, auf denen das stark verkröpfte Gebälk mit Konsolenfries auflastet. Kassettierte Gurtbogen bilden den Rahmen des blauen Stoffbaldachins, der von Engeln zur Seite geschlagen vom Scheitel des Altars herabwallt und von einem weiteren Engelspaar nach außen gerafft wird. Den barock empfundenen Altaraufbau zieren vergoldete Ornamente, die dem Formenschatz des Klassizismus entstammen.

An den **Sockeln** befinden sich schleifengeschmückte, ovale Medaillons mit Reliefs der Attribute der Evangelisten und bedeutender Kirchenlehrer, die das Fundament der Kirche symbolisieren. Die Embleme verkörpern (von li.) die Heiligen Thomas von Aquin, Lukas, Hieronymus, Matthäus, Ambrosius, Gregor d. Gr., Markus, Bonaventura, Johannes und Augustinus.

Der **Tabernakel** erhebt sich als runder Kuppelbau im Zentrum des Altars vor einer goldenen Strahlenglorie. Seitlich knien große betende Engel auf Volutengiebeln. Die muschelförmig geschlossene Mittelnische rahmen Ähren und Weinreben, die als Symbole für das Messopfer stehen. Im Drehtabernakel befindet sich ein Kruzifix mit Maria und Johannes sowie die Kirchenpatronin Verena, die am Fest des Patroziniums gezeigt wird. Das bekrönende Kruzifix darüber ist silbervergoldet, mit Emaille geziert und trägt das Wappen des Abtes Martin Ertle.

Linke Seite unten:
Hl. Verena am Tabernakel des Hochaltars

Linke Seite oben:
Medaillons am Sockel des Hochaltars mit den Symbolen des Kirchenvaters Ambrosius (oben) und des Evangelisten Markus (unten)

Rechts: Blick in den Chorraum der Pfarrkirche St. Verena mit dem Hochaltar von Franz Xaver Feichtmayr II. (1785/86)

Anbetung der Hirten, Altarblatt im Hochaltar der Pfarrkirche St. Verena von Johann Heiß (1694)

Hl. Augustinus (links) und Hl. Norbert von Xanten (rechts), Skulpturen am Hochaltar der Pfarrkirche St. Verena von Franz Xaver Feichtmayr II. (1785/86)

Hochaltar der Pfarrkirche St. Verena von Franz Xaver Feichtmayr II. (1785/86), Details des Altarbaldachins mit den allegorischen Figuren des Glaubens (links) und der Liebe (rechts)

Das rundbogig geschlossene **Altarblatt** besitzt einen reich geschnitzten Rahmen mit fein geformten Blattgirlanden und Zungenfriesen. Das Gemälde der Anbetung der Hirten schuf 1694 der Memminger Maler Johann Heiß (1640–1704), der in süddeutschen Klosterkirchen wie Obermarchtal und Ochsenhausen eine Vielzahl von Werken hinterlassen hat. Die Anbetung der Hirten wird hier als genrehafte Szene vor einer unbestimmten Säulenarchitektur geschildert (Abb. S. 24). Maria sitzt von Joseph flankiert hinter der hölzernen Krippe und stützt den Kopf des Jesuskindes. Dieses blickt auf die Hirten, die sich staunend von rechts ins Bild drängen und mit ihren Gewändern und Tieren sehr realistisch gezeigt sind. Das Nachtstück ist

in tonigen Farben gehalten und wird von oben, wo sich Engelskinder in einer Wolkenglorie tummeln, in intensives Licht getaucht.
Seitlich schließen sich zwischen den Säulen **Figuren** der Heiligen Augustinus und Norbert an, die in ihrer geschwungenen Körperhaltung noch Anklänge an das Rokoko wachrufen (Abb. S. 25). Beide sind in Bischofstracht dargestellt, die Mitra trägt jeweils ein Engel zu ihren Füßen. Augustinus hält als Attribut ein brennendes Herz in der Hand, ein Symbol des liebeglühenden Eifers, während Norbert mit der Monstranz als Verteidiger des Altarsakraments dargestellt ist. Am Gebälk befindet sich eine runde Kartusche mit dem Wappen des Abtes Mauritius Moritz. Der Tondo darüber zeigt Gottvater mit Dreiecksnimbus, flankiert von den allegorischen Figuren der Tugenden Glaube, Liebe und Hoffnung. Im Gemälde des abschließenden Baldachins tragen Engel das Kreuz und die Leidenswerkzeuge Christi. Im Zentrum der plastischen **Altarbekrönung** befindet sich im Strahlenkranz das Lamm Gottes auf dem Buch der Offenbarung. Johannes der Täufer weist auf diese Schrift hin, während auf der rechten Seite ein gezackter Blitz den Teufel niederstreckt, der als Zeichen seines Hochmuts einen Spiegel in der Hand hält und um den sich die Schlange der Versuchung windet.
Die theologische Konzeption des Hochaltars umfasst die Kernpunkte der christlichen Glaubenslehre: Johannes der Täufer weist die Menschheit nach dem Sündenfall auf die Erlösung hin, die nach göttlichem Ratschluss nur durch die Menschwerdung (Altarblatt) und den Kreuzestod Christi (Baldachin) erlangt werden kann. So bildet der ganze Baldachinaufbau des Hochaltars theologisch und architektonisch den Rahmen für die Feier des Messopfers, das die Ereignisse von Bethlehem, Abendmahl und

Hochaltar der Pfarrkirche St. Verena von Franz Xaver Feichtmayr II. (1785/86), Detail des Altarbaldachins mit dem Sturz des Teufels

Golgatha zur Erlösung der Menschheit immer wieder erneuert.
In den Fensterachsen vor dem Hochaltar stehen auf beiden Seiten über dem Abtssitz und dem Kredenztisch kleine, altarähnliche **Baldachinaufbauten**. Sie entstanden 1779/80 im Stil des Louis-Seize aus marmoriertem Holz. Den **Abtssitz auf der linken Seite** (2) rahmen Volutenvorlagen mit bekrönenden Vasen sowie geschuppte Volutenpilaster mit Engelkaryatiden, welche die Vorhangdraperie des weit vorschwingenden Baldachins zur Seite halten (Abb. Umschlagrückseite). An der Rückwand befindet sich ein Gemälde mit der Geißelung Christi von Johann Heiß aus dem Jahr 1698, das ursprünglich zum Kreuzaltar von 1694 gehörte.

Chorgestühl im Mönchschor (Südseite) von Andreas Etschmann (1693), darüber Chororgel von Johann Nepomuk Holzhey (1785–1787)

Wappen des Abtes Martin Ertle am Chorgestühl (Südseite, westliche Säule des Dorsales) von Andreas Etschmann (1693)

Wappen am Chorgestühl (Südseite, östlich) von Andreas Etschmann mit der Datierung 1693

Christus steht weit vorgebeugt, an eine balusterförmige Säule gebunden, und wendet den Kopf mit dem intensiven Ausdruck des Leidens zum Betrachter. Während Haar und Gewand grob von einem Schergen gepackt werden, holt ein zweiter mit weit ausgreifender Geste zum Schlag aus. Den Baldachin bekrönt eine frei stehende Figur des Hl. Mauritius, der mit Speer, Banner, Schild und Schwert als Führer der Thebäischen Legion gekennzeichnet ist, die unter Kaiser Maximinian den Märtyrertod erlitt.

Die identisch aufgebaute Rahmung des **Kredenztisches auf der rechten Seite** (3) zeigt an der Rückwand ein Gemälde mit der Dornenkrönung von Johann Heiß, während eine Freifigur der Hl. Verena mit ihren Attributen Kanne und Fisch zusammen mit Wolken und Engeln die Bekrönung bildet.

Das Chorgestühl (4)

Das Chorgestühl unter der Vierungskuppel im Mönchschor ist ein Meisterwerk barocker Schnitzkunst. Es besteht aus zwei doppelten Sitzreihen sowie einem üppig verzierten Dorsale. Die Apostelfiguren und die durchbrochen geschnitzten Ornamenttafeln auf den klassizistischen Beichtstühlen im Langhaus bildeten ursprünglich den Aufsatz des Chorgestühls. Die Entstehungszeit des Werks dokumentiert das Wappen des Abtes Martin Ertle an der vordersten Säule des Dorsales auf der Südseite, das die Jahreszahl 1693 trägt. Die Nordseite zieren parallel dazu Reichsadler, die Lilien aus Abt Martins Wappen sowie der ringhaltende Fisch aus dem Klosterwappen. Andreas Etschmann († 1708) aus Tirol gilt zusammen mit seinen Gehilfen Johannes Forster und Michael Schuster aus Kellmünz als Schöpfer dieser hervorragenden Arbeit.

Wange des Chorgestühls von Andreas Etschmann (1693)

Das zweireihige Gestühl besteht aus glatten Klappsitzen zwischen reich geschnitzten Wangen. Diese schmücken an der Vorderseite keck vorgebauchte Karyatiden mit unterschiedlichen Kopftypen, die zur Rückwand hin in vielfältig gestaltete Akanthusvoluten aufgelöst sind. In das Laubwerk sind zahlreiche emblematische Darstellungen eingebunden, wie das Lamm Gottes, der Pelikan, der Drache oder die geflügelte Sphinx. Die Wangen sind auch im Fußbereich noch mit Voluten und figürlichen Reliefs versehen. Besonders prachtvoll wurden die Abschlüsse zum Altar hin gestaltet, wo die Kirchenpatronin Verena (re.) und der Hl. Norbert dargestellt sind (Abb. S. 30). Die zweite Sitzreihe ist ebenso aufgebaut. Ihre Rückwand besitzt zwischen den Schulterstücken einfache Kassetten, über denen das prachtvoll ausgestaltete Dorsale ansetzt. Seine Jochteilung erfolgt durch ornamentierte, frei stehende Säulen mit korinthischen Kapitellen, die auf akanthusgeschmückten Konsolen ansetzen. Die Säulen sind übereck gestellt, und das reich

Links: Nordseite des Chorgestühls von Andreas Etschmann (1693), Abschlusswange mit Darstellung des Hl. Norbert von Xanten

Rechts: Südseite des Chorgestühls von Andreas Etschmann (1693), Abschlusswange mit Darstellung der Kirchenpatronin Verena

Links: Statuette Mariens in einer Nische des Chorgestühls (Nordseite) von Andreas Etschmann (1693)

Rechts: Statuette des Johannes Colombini in einer Nische des Chorgestühls (Nordseite) von Andreas Etschmann (1693)

profilierte sowie ornamentierte Kranzgesims darüber wurde in gebrochenen Formen zackig verkröpft. Seinen Fries schmücken Blattwerk und Cherubim im Wechsel. Die muschelförmig geschlossenen Rundbogennischen dazwischen werden ebenfalls von ornamentierten Säulen oder Karyatiden gerahmt und von unterschiedlichsten Giebeln mit üppigem, zu Voluten gerolltem Blattwerk überfangen. In den Nischen befinden sich fein gearbeitete Statuetten von Heiligen und Ordensstiftern, die in der zeitlichen Folge ihrer Ordensgründungen von Westen her aneinander gereiht sind.

Der Hl. Norbert von Xanten (1080–1134) steht als Begründer der Prämonstratenser am Beginn der Figurenfolge auf der Südseite, die sich mit Johannes dem Täufer, Antonius dem Einsiedler (251–356, Vater des abendländischen Mönch-

Linke Seite: Statuetten Gottfried von Bouillons (links) und des Hl. Norbert von Xanten (rechts) in einer Nische des Chorgestühls (Südseite) von Andreas Etschmann (1693)

Rechts: Detail der Statuette des hl. Augustinus in einer Nische des Chorgestühls (Nordseite) von Andreas Etschmann (1693)

Unten: Herkules mit Löwenfell neben einer Rundbogennische am Chorgestühl (Nordseite) von Andreas Etschmann (1693)

Rechts außen: Blattmaske am Dorsale des Chorgestühls (Südseite) von Andreas Etschmann (1693)

tums), Basilius dem Großen (330–379, Vater des morgenländischen Mönchtums), Jesus Christus, Benedikt von Nursia (480–548, Gründer der Benediktiner), Romuald von Camaldoni (um 952–1027, Begründer der Camaldulenser), Bruno von Köln (1030–1101, Gründer der Kartäuser), Gottfried von Bouillon (1060–1100, Kreuzfahrer und christlicher Herrscher von Jerusalem), Bernhard von Clairvaux (1090–1153, Gründer der Zisterzienser) sowie Simon Stock (1165–1265, General der Karmeliter) fortsetzt. Auf der Nordseite schließen sich von Osten her folgende Heilige an: Dominikus von Caleruega (1170–1221, Gründer der Dominikaner), Franz von Assisi (1182–1226, Gründer der Minoriten und Tertiarier), Petrus Nolascus (1182–1256, Gründer der Merzedarier), Philipp Benitius (1233–1285, Gründer der Serviten), Petrus Coelestinus (1215–1296, Begründer der Coelestiner-Eremiten), Johannes Colombini (1300–1367, Genossenschaft der Jesuaten), Maria, Franz von Paula (1416–1507, Gründer der Paulaner), Ignatius von Loyola (1495–1556, Gründer der Jesuiten), Johann von Gott (1495–1550, Gründer der Barmherzigen Brüder) sowie Augustinus (354–430, Patriarch des mönchischen Lebens). Das prachtvolle Chorgestühl wurde im Jahr 1784 in den Neubau übernommen und zu diesem Zweck dem Aufstellungsort angepasst. Anstelle der Bekrönung aus Apostelfiguren ergänzt das Werk nun der klassizistische Pros-

pekt der Chororgel, zusammen mit Portalen und dem Spieltisch des Instruments. Gegen den spielerischen Überschwang der üppig schwellenden Barockformen wirkt der strenge, geradlinige Orgelaufbau geradezu als nüchterner Gegenpol. Eine geradlinige Brüstung mit rechteckigem Flechtbandmotiv verbindet jeweils die beiden Gehäuse, die auf der Nordseite aus Symmetriegründen aus einer Blendorgel bestehen.

Die Erschaffung Adams, Altarblatt am linken Seitenaltar der Pfarrkirche St. Verena von Christian Thomas Wink (1786)

Die Taufe Jesu im Jordan, Altarblatt am rechten Seitenaltar der Pfarrkirche St. Verena von Januarius Zick (1786)

Die Seitenaltäre

Die Seitenaltäre vor der Chorbogenwand entsprechen sich wie die Nischenaltäre paarweise in Aufbau und Färbung. Die rötlich-grau marmorierten Stuckaufbauten wurden 1785 von Franz Xaver Feichtmayr II. geschaffen. Die schlichten Retabelbauten spiegeln stark vereinfacht den Aufbau des Hochaltars wieder, zu dem sie auch farblich hinleiten. Über der gestuften Sockelzone erhebt sich ein frei stehendes Säulenpaar, das ein gerades, verkröpftes Kranzgesims trägt, an dem sich Wolken und Cherubim zu einem Schlussstein formieren. Den Auszug bildet ein Stufenpodest mit seitlichen Flammenvasen. Der darauf ansetzende Gurtbogen überhöht einen Tondo mit Goldmonogramm, über den Engel einen blauen Baldachin ausbreiten und zur Seite raffen. Als Bekrönung dient ein Blumenkorb mit herabhängenden Blütengirlanden.

Der **Adamsaltar** (5) auf der linken Langhausseite (Abb. S. 34), der als Sakramentsaltar dient, besitzt ein rechteckiges Altarblatt mit der Darstellung der Erschaffung Adams von Christian Thomas Wink (1738–1797) aus dem Jahr 1786. Die Komposition zeigt im Mittelpunkt die bewegte Gewandfigur Gottvaters, der von einem hellen Glorienschein und Cherubim umgeben ist. Adam lagert auf der rechten Bildseite am Boden und wird von Gottvater vor dem Baum der Erkenntnis gewarnt, um dessen Stamm sich bereits die Schlange mit geöffnetem Rachen schlingt. Der Ausblick links schildert eine ideale Paradieslandschaft mit Tieren und einem Löwenpaar. Der volutengerahmte Tabernakel besitzt einen geraden Giebel mit seitlichen Cherubim. Dessen Rundbogentür ziert ein auf Kupfer gemaltes Bild von Christus als Gutem Hirten, das 1690 von Matthäus Zehender (1641–1697) aus Mergentheim geschaffen wurde. Es zeigt ihn mit dem Lamm auf der Schulter und besticht durch seine hohe malerische Qualität in Kolorit und Zeichnung.

Den **Johannesaltar** (6) auf der rechten Seite (Abb. S. 35) schmückt ein Altarblatt mit der Darstellung der Taufe Jesu im Jordan, die Januarius Zick 1786 geschaffen hat. Jesus kniet in demütiger Haltung vor Johannes dem Täufer, der sich über ihn beugt und aus einer Muschelschale Wasser auf sein Haupt träufelt. Die Szene wird von oben her beleuchtet, wo die Hl.-Geist-Taube zusammen mit andächtig blickenden Cherubim in einer Wolkenglorie erscheint. Zick richtet die ganze Komposition völlig auf das Bildthema aus und vermeidet jede Nebensächlichkeit. Besonders beeindruckt die malerische Qualität und Harmonie der tonigen, ausdrucksstarken Farbgebung. Das Gemälde auf der Tabernakeltür stammt ebenfalls von Matthäus Zehender und zeigt Christus am Ölberg, dem von Engeln gestützt Gottvater mit dem Opferkelch erscheint.

Die Altäre in den Seitennischen
(von Osten nach Westen)

Das östlichste Altarpaar ist den Heiligen und Märtyrern **Aurelius Renatus und Domitia** (7 **und 8**) geweiht. Das römische Ehepaar wurde unter Papst Alexander VII. (1665–1667) aus den Katakomben der Hl. Cyriaka in Rom geborgen und 1724 durch Abt Hermann Vogler für Rot erworben. Man überführte die Heiligen 1726 anlässlich der 600-Jahrfeier der Abtei mit großer Pracht in einem Festzug durch drei Ehrenpforten in die Klosterkirche. Hier wurden sie zunächst in einem gemeinsamen Altar verehrt, für den 1726 eine Ehebruderschaft gestiftet wurde. Zusammen mit den

Links: Almachus-Altar, nordwestlicher Nischenaltar der Pfarrkirche St. Verena, Aufbau von Franz Xaver Feichtmayr II. (1786), Pietà Anfang des 16. Jh.

Rechts: Benediktusaltar, südwestlicher Nischenaltar der Pfarrkirche St. Verena, Aufbau von Franz Xaver Feichtmayr II. (1786)

beiden Heiligen kamen zwei originale Marmortafeln aus den Katakomben nach Rot, die in Antiqua-Majuskeln ihre Namen nennen und mit christlichen Symbolen versehen sind. Sie sind jeweils an den Sockeln der Retabel eingelassen. 1908/09 haben die Schwestern des Klosters Bonlanden die Hl. Leiber unter Verwendung älterer Gewandteile neu gefasst und mit Gesichtsmasken versehen.

Die Reliquienaltäre stammen in ihrer heutigen Form aus dem Jahr 1785 und wurden von Franz Xaver Feichtmayr II. geschaffen. Die einfachen, zweisäuligen Retabelbauten schließt ein gerades Gebälk, vor dem zwei Engelskinder einen Kronreif halten. Den geschweiften, girlandenverzierten Aufsatz krönt ein Putto, der Märtyrerpalme und Siegeskranz trägt. Die beiden Glasschreine, die seitlich von eckigen Voluten gerahmt sind, bergen die stehenden Heiligen Aurelius (li.) und Domitia, deren Gebeine durch aufwändig gestickte Klosterarbeiten verhüllt werden. Die Marmortafeln aus

Aufrichtung der ehernen Schlange am Mosesaltar, mittlerer Nischenaltar (Nordseite) der Pfarrkirche St. Verena, Aufbau von Franz Xaver Feichtmayr II. (1786)

Kreuzigungsgruppe mit spätgotischem Kruzifix am Kreuzaltar, mittlerer Nischenaltar (Südseite) der Pfarrkirche St. Verena, Aufbau von Franz Xaver Feichtmayr II. (1786)

den Katakomben sind jeweils am Sockel des Retabels eingelassen.

Das zweite Altarpaar von Osten symbolisiert die heilende Kraft des Kreuzes Christi und wurde 1786 in einer zweiten Werkphase von Franz Xaver Feichtmayr II. geschaffen. Die rotgrau marmorierten Aufbauten weichen vom üblichen Retabelschema ab, denn sie wurden als klassizistische Postamente konzipiert, die seitlich von Pfeilern mit Vasenbekrönung gerahmt werden. Große Medaillons mit überfangendem Gesims und sparsamem Golddekor schmücken die beiden Altäre. Als Bekrönung tragen sie über einem Sockel hohe, plastische Freigruppen aus Stuck.

Der Mosesaltar (9) mit der ehernen Schlange am Kreuzesbalken auf der linken Seite schildert drastisch den Zug des Volkes Israel durch die Wüste (Abb. S. 38). Dabei handelt es sich um eine Szene aus dem Alten Testament (Num 21,6-9), die als Vorwegnahme des Kreuzestodes Christi gilt. Die teils freiplastischen Figuren sind naturalistisch bemalt und vor einem reliefierten Landschaftshintergrund angeordnet, der mit malerischen Mitteln ergänzt ist. Im Tondo unter der Kreuzaufrichtung zeigt ein Gemälde die Heilige Familie mit dem Johannesknaben (Ende 17. Jh.), das ein Stifterwappen und die Signatur von Johann Heiß trägt.

Der **Kreuzaltar (10)** auf der gegenüberliegenden Seite symbolisiert die Erlösung durch den Kreuzestod des Gottessohnes, die im Neuen Testament ihre Vollendung findet (Abb. S. 39). Die gelungene Altarkonzeption vereint in harmonischer Weise ein schönes, spätgotisches Kruzifix mit den Assistenzfiguren Maria, Johannes Evangelist und Maria Magdalena aus Stuck von 1786. Das Medaillon mit der Darstellung des Martyriums des Hl. Sebastian schuf der schwäbische Rokokomaler Johannes Dreyer (1748–1795), der unter dem Klosternamen Martin seit 1776 Laienbruder im Benediktinerkloster Wiblingen war. Das Ölgemälde wurde laut seiner Signatur am 12. Oktober 1786 vollendet.

In den beiden westlichen Nischen folgen wiederum zwei Reliquienaltäre, die Franz Xaver Feichtmayr II. 1786 ausführte (Abb. S. 37). Die Stuckmarmoraufbauten sind in Rot-, Grau- und Ockertönen gefärbt und besitzen eine sarkophagförmige Mensa mit klassizistischen Ornamenten, auf der ein verglastes Gehäuse für die Liegefigur der Ganzkörperreliquie aufruht. Darüber setzt ein von Fruchtkörben geziertes Postament mit seitlichen Anläufen an, das von einer Baldachinarchitektur mit bekrönendem Putto überhöht wird.

Der linke Altar ist dem **Hl. Almachus (11)** geweiht, einem Einsiedler, der in Rom den Märtyrertod erlitt. Sein Hl. Leib gelangte 1788 aus dem Kloster St. Anna in Bregenz, wo er seit dem 14. Jh. aufbewahrt worden war, nach Rot und wurde 1910 von den Schwestern in Bonlanden neu gefasst. Das Ölgemälde über dem Schrein zeigt den Hl. Johannes Nepomuk. Die Stuckfiguren der trauernden Frauen, die in den Kirchenrechnungen als Basen bezeichnet werden, leiten zur Baldachinfigur hin, einer spätgotischen Pietà vom Anfang des 16. Jh.

Der **Benediktusaltar (12)** auf der rechten Seite zeigt in seinem Schrein die Körperreliquie des Einsiedlers und Märtyrers Benediktus, die dem Kloster 1789 als Geschenk des Fürstabts von Kempten, Rupert II. von Neuenstein, überreicht wurde. Darüber befindet sich ein Schutzengelbild. Die Seitenfiguren aus Stuck verkörpern die Stifter des Klosters, Hemma und Heinrich von Wildenberg, die sich verehrend der Kirchenpatronin Verena in der Mittelnische zuwenden.

Die übrige Ausstattung

Die **Kanzel** (13) wurde am östlichen Wandpfeiler der rechten Langhausseite relativ hoch angebracht. Ihr runder Korpus erhebt sich über zwei Volutenkonsolen und ist durch Kassetten, Tondi und eine üppige Lorbeergirlande mit klassizistischem Golddekor festlich geschmückt. An der Rückwand schlagen zwei Engel einen grün-violetten Vorhang zurück. Den runden Schalldeckel mit Lambrequins (bogenförmiger Behang mit Quasten) ziert eine Hl.-Geist-Taube mit Cherubim, die in der Bekrönung ein Engel auf einer Weltkugel und weitere Symbole des Neuen Bundes ergänzen.

In den Seitennischen befinden sich insgesamt acht **Beichtstühle**, von denen die beiden östlichen nach 1962 erweitert und mit Türen versehen wurden. Die originalen, klassizistischen Holzaufbauten werden von Pilastern mit Schuppenbändern dreigeteilt, wobei sich der vorgezogenen Mittelachse geschweifte, offene Seitenteile anschließen. Das verkröpfte Gesims schmücken Rosetten und Pinienzapfen. Das Postament darüber ist von Lorbeergirlanden bekränzt und dient als Sockel für die Apostelfiguren, die wahrscheinlich von Johann Ruez († 1762) aus Wurzach um 1720 als Bekrönung des Chorgestühls geschaffen wurden. Die hinreißenden Barockfiguren bestechen vor allem durch die Intensität ihres Ausdrucks und die freie, raumgreifende Bewegung. Es handelt sich dabei – im Westen auf der linken Seite beginnend – um die Heiligen Jakobus d. J. (Abb. S. 42), Thomas, Johannes, Petrus, Paulus, Andreas, Jakobus d. Ä. und Bartholomäus. Auch die dahinter angebrachten, aufwändig und durchbrochen geschnitzten Ornamenttafeln zeugen in der Durchführung ihrer Akanthusvoluten und Blattknospen von höchster Qualität.

Kanzel am südöstlichen Langhauspfeiler von Franz Xaver Feichtmayr II. (1785/86), Pfarrkirche St. Verena

Die **Gestühlwangen** im Kirchenschiff wurden als geradlinige Vasen gestaltet und reich mit klassizistischen Dekorationsmotiven wie Flechtbändern, Kassetten und Lorbeergirlanden versehen.
Die **Weihwasserschale** und der **Taufstein** unter der Orgelempore sind aus rotem Wertacher Marmor gefertigt und bestehen aus einem birnenförmigen Balusterfuß, auf dem eine elegante, gerippte Cuppa ansetzt.
Die fünfzehn **Gemälde der Kreuzwegstationen**, die sich in den Seitennischen befinden, entstanden etwa in der Bauzeit der Kirche und konnten 1970 im Kunsthandel erworben werden. Die Ölbilder an den Stirnseiten der Wandpfeiler zählen wohl ebenfalls zum Werk von Johann Heiß und zeigen kleinformatige Studien der Apostelköpfe. Bei dem **ovalen Portrait in der zweiten Nische auf der Südseite** (re.) von Westen handelt es sich um ein Brustbild des **Abtes Willebold Held** (14), den Bauplan und Zirkel als Bauherrn und Architekten von Rot ausweisen. Das Bildnis entstand 1783 als einziges bekanntes Werk des Malers G. Kirchmann (Abb. S. 6).
In der **Vorhalle** befindet sich auf der rechten Seite nahe des Eingangs ein Glasschrein mit Volutenrahmung, in dem die Körperreliquie des Sel. Wilhelm Eiselin (1564–1588) ausgestellt wird, der nach einem vorbildlichen Leben im Kloster Mönchsroth als »schwäbischer Aloisius« verehrt wird. In einem weiteren Glasschrein auf der Nordseite der Vorhalle steht ein kostbar gekleidetes Prager Jesukind, das 1745 für den Kapitelsaal angeschafft wurde, sowie zwei reich geschnitzte Reliquiare in Rokokoformen. An der inneren Westwand werden auf Gedächtnistafeln die Gemeindepfarrer seit der Säkularisation aufgezählt. Außerdem ist die Nachbildung der Grabplatte des Abtes Martin Ertle zu sehen, die man bei der Sanierung der Westfassade an der Rückseite des Klosterwappens entdeckte.

Skulptur des Apostels Jakobus d.J., wohl von Johann Ruez um 1720 als Bekrönung für das Chorgestühl geschaffen (heute auf dem nordwestlichen Beichtstuhl)

Die Orgel (15)

Für den klassizistischen Neubau wurden zwei Orgelwerke für Chor und Langhaus geplant, für deren Ausführung **Johann Nepomuk Holzhey** (1741–1809) verpflichtet werden konnte. Holzhey zählt zu den bedeutendsten oberschwäbischen Orgelbauern des ausgehenden 18. Jh. und hinterließ mehr als vierzig nachgewiesene Instrumente, zu denen auch die dreimanualigen Großorgeln in Obermarchtal, Weißenau, Neres-

Blick auf die Empore und die Orgel von Johann Nepomuk Holzhey (vollendet 1792/93)

heim und Rot zählen. Holzhey erhielt zunächst den Auftrag, die Chororgel zu bauen. Er vollendete dieses Werk 1785–1787 und schuf ein zweimanualiges Instrument mit frei stehendem Spieltisch. Diese Orgel wurde jedoch 1835 verkleinert und 1964 verändert, so dass sie heute nur noch ein Spielwerk mit vierzehn Registern auf der rechten Chorseite besitzt.
Die Hauptorgel zählt zu den bedeutendsten historischen Orgeln in Süddeutschland. Einen Großteil der Kosten stifteten die Eltern des letzten Abtes Nikolaus Betscher (1789–1803), der als bedeutender Komponist sakraler Musik gilt. Die Orgel war seit 1785 im Bau und wurde 1792/93 vollendet und in das klassizistische Gehäuse eingebaut, das die ganze innere Westwand einnimmt. Das Instrument umfasst 38 klingende Register, die sich auf drei Manuale verteilen. Die Disposition der Orgel zeigt erstmals die Tendenz, das Instrument den vielfältigen Klangfarben des klassischen Orchesters anzunähern. Holzhey erreichte den unverwechselbaren Charakter seiner Werke durch die Mensurierung der Pfeifen, die in den Prinzipalen einheitlich durchgeführt ist, während die Flöten- und Streicherstimmen individuell auf den Raum abgestimmt sind. Die Hauptorgel in Rot blieb weitgehend original erhalten und dokumentiert nach der Restaurierung von 1986–1989 den individuellen Stil Holzheys, der auf einer Verschmelzung französischer und süddeutscher Elemente beruht.

Die Glocken

Das prachtvolle alte Geläut umfasst sieben Glocken in einer ungewöhnlichen Zusammenstellung. Im Nordturm hängt die gewaltige Verenaglocke (1. Ton a, Ø 185 cm), die 1701 von Andreas Aporta aus Feldkirch/Vorarlberg gegossen wurde und am Rand das Wappen von Abt Martin Ertle und die Namen aller Konventsangehörigen verzeichnet. Im Norbertusturm sind die sechs kleineren Glocken untergebracht. 1681 fertigte Otto Sartorius aus Kempten zusammen mit Melchior Maurer aus Biberach drei Glocken, die neben der Jahreszahl ebenfalls das Wappen des Abtes Martin sowie den Reichsadler tragen (2.Ton c, Ø 145 cm; 3. Ton f, Ø 114 cm; 5. Ton a, Ø 71 cm). Johann Melchior Ernst aus Memmingen ergänzte 1740 das Geläut um zwei weitere Glocken, die mit dem Wappen des Abtes Ignaz Vetter versehen sind (4. Ton c, Ø 74 cm; 7. Ton h, Ø 45 cm). Derselbe Künstler goss 1758 die letzte Glocke (6. Ton a, Ø 51 cm), die das Wappen des Abtes Benedikt Stadelhofer (1694–1739) trägt.

Bruderschaftskirche St. Johann

Patrozinium: 24. Juni

Die Baugeschichte

Die Kirche St. Johann steht im unteren Haslachtal, etwa 1 km südöstlich des Klosterkomplexes, mit dem sie eine direkte Blickachse verbindet. Sie ist erreichbar über den »Mönchsrother Pfad«, der von der Kirche St. Verena ausgeht, durch den historischen Ortskern führt und mit 24 Tafeln auf Kultur und Geschichte des Klosterortes hinweist. Das Rokoko-Kleinod erinnert an das ehemals weit verbreitete, volkstümliche Bruderschaftswesen und ist als letzte erhaltene Kirche dieser Art von einmaligem Charakter.
Die Vorgängerbauten auf dem Gelände von St. Johann stehen in engem Zusammenhang

Bruderschaftskirche St. Johann, rechts im Hintergrund Kloster Rot a.d. Rot

mit dem Kloster Mönchsroth, dem schon bald nach seiner Gründung 1126 ein Frauenkonvent angegliedert wurde. 1139 untersagte das zweite Laterankonzil jedoch die räumliche Nähe und das gemeinsame Chorgebet. In der Folgezeit wurde das Haslachtal gerodet und das Frauenstift dorthin verlegt. Unter Leitung einer Meisterin traten viele Töchter aus dem einheimischen Adel in dieses Kloster ein, bis es um 1360 - vielleicht nach der Pestepidemie von 1349/50 - aufgelassen wurde. 1422 ließ Abt Martin Hesser (1420–1457) das überwucherte Gelände erneut roden und das hochmittelalterliche Gotteshaus instand setzen und weihen.

1579 wurde im Kapitelsaal des Klosters die Erzbruderschaft »Sanctissimi Rosarii« gegründet und das manieristische Gnadenbild durch Abt Ehrmann überreicht. Nach einer Klosterreform am Beginn des 17. Jh. war es der Bruderschaft untersagt, den inneren Klausurbereich zu betreten. Daraufhin ließ Abt Balthasar Held von 1601–1603 ein neues Gotteshaus auf dem Gelände des ehemaligen Frauenklosters errichten, das nach seiner Fertigstellung als Kirche der Rosenkranzbruderschaft diente. Die Pietà wurde in der Folgezeit in diesen Neubau zu Ehren der Muttergottes und Johannes des Täufers überführt. 1611 verlegte Abt Joachim Gieteler

(1611–1630) auch den Friedhof der Klosterpfarrei dorthin, der 1612 ummauert wurde. **Der heutige Kirchenbau entstand ab 1737** in der Amtszeit des Abtes Hermann Vogler (1711–1739), dessen Wappen die innere Westwand schmückt. Auch dieser Bau wurde nach eigenen Plänen der Konventualen errichtet, vielleicht durch den späteren Abt Benedikt Stadelhofer (1694–1739), der auch die Wallfahrtskirche Maria Steinbach entworfen hat. Die Innenausstattung mit Stuck, Deckengemälden und drei Altären erfolgte 1741 durch seinen Nachfolger Ignaz Vetter (1739–1755). Das Gnadenbild wurde im gleichen Jahr mit einer Prozession in das neue Gotteshaus gebracht, dessen **Weihe** man am 13. August **1745** feierlich beging. Die alte Kapelle von 1601 blieb zunächst nordwestlich des Neubaus als Friedhofskirche bestehen.

Die beteiligten Künstler, deren Namen aus den Kirchenbaurechnungen nur zum Teil bekannt sind, stammen überwiegend aus der Umgebung von Rot. Die Altäre und die Kanzel gestaltete Johann Georg Reusch aus Waldsee, der 1730 auch das Orgelgehäuse für die Wallfahrtskirche Steinhausen fertigte. Die Deckengemälde stammen von dem oberschwäbischen Barockmaler Johann Michael Biehle. Als Fassmaler waren Hans Jerg und Franz Hölzle tätig, die genau wie der Maler Binzle aus Mettenberg später bei der Ausgestaltung der Kirche in Steinbach erwähnt werden.

In der Folgezeit bezeugt das Rechnungsbuch der Rosenkranzbruderschaft das rege religiöse Leben innerhalb dieser Gemeinschaft, das sich auch in der stetigen Ausschmückung der Kirche widerspiegelt. 1757/58 schuf man eine Orgel mit 18 Registern an, die aber 1830 verkauft wurde. Gefertigt hatte sie der bedeutende Orgelbauer Joseph Gabler (1700–1771) aus Ochsenhausen. Nach der Säkularisation 1803 gelangte auch die Bruderschaftskirche in den Besitz des Grafen Wartenberg, der Teile der Ausstattung entfernte und in seine Kunstsammlung übernahm. 1817 wurde St. Johann als Friedhofskirche an die Kirchengemeinde St. Verena übereignet, die das baufällige Gotteshaus bis 1819 instand setzte. Die alte Kapelle von 1601 wurde um 1820 um die Hälfte verkürzt und 1875 gänzlich abgebrochen. Die Bruderschaft selbst war zunächst eingeschränkt worden, bis 1837 ihre Auflösung erfolgte.

Eine grundlegende **Renovation** wurde 1900 aufgrund von Schäden im Dachbereich notwendig, jedoch mit wenig Gespür für den Rokokobau durchgeführt. Die akute Baufälligkeit von Decke und Dach erforderte auch 1964/65 eine grundlegende Sanierung im Außenbereich, der sich von 1989–1994 eine umfassende Gesamtrestaurierung anschloss. Am 26. Juni 1994 konnte die Bruderschaftskirche St. Johann durch den Rottenburger Diözesanbischof Dr. Walter Kasper wieder eröffnet werden.

Der Außenbau

Der schlichte Kirchenbau von St. Johann steht auf freiem Feld im ummauerten Friedhofsareal. Der geschlossene, rechteckige Baukörper ist an den Kanten jeweils stark abgeschrägt. Das steile, einheitlich durchgezogene Satteldach wurde darüber entsprechend abgewalmt. Die Wandschale besitzt bis auf das profilierte, umlaufende Kranzgesims keine plastische Gliederung. Die Jochteilung bestimmen allein die Fensterachsen, die sich einheitlich um den Baukörper reihen und jeweils ein Rundbogenfenster mit einem hoch liegenden Oculus kombinieren. Die zurückhaltende Gliederung wurde mit malerischen Mitteln geschaffen.

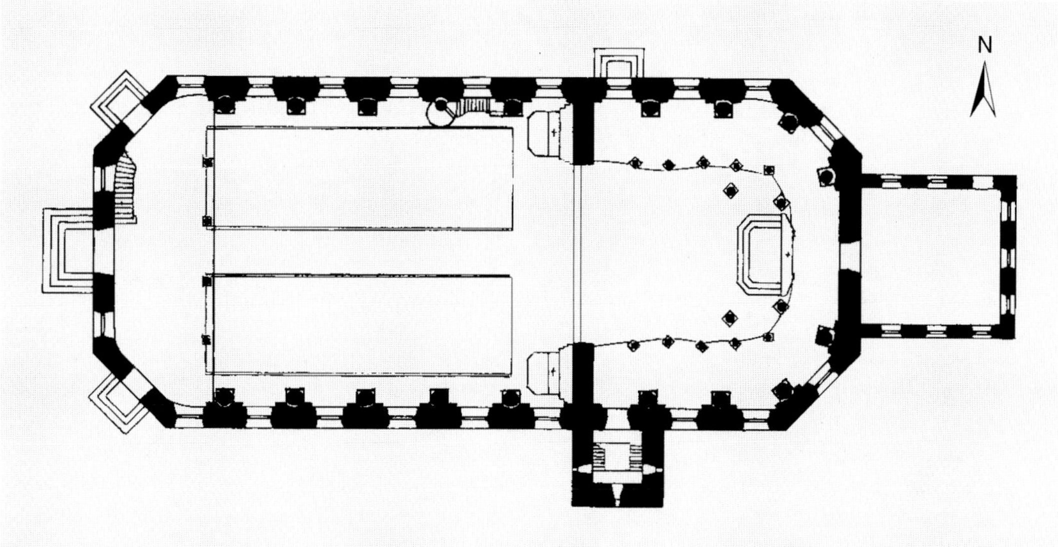

Grundriss der Bruderschaftskirche St. Johann

Sie setzt sich in Weiß mit dunklen Begleitstrichen von den zartgelben Mauerflächen ab. Jedes Wandsegment wird von schmalen Vorlagen abgeteilt, während die Fenster mit geohrten Rahmungen und Keilsteinen versehen sind. Die dreijochige Westfassade besitzt ein segmentbogiges Hauptportal, dem seitlich kleinere, ebenso gestaltete Türen zugeordnet sind. An der Südseite des sechsachsigen Langhauses befindet sich der Backsteinturm, dessen hohes, glattes Untergeschoss eine gemalte, rötliche Eckrustizierung hervorhebt. Das achteckige Glockengeschoss zieren Wandvorlagen sowie Schallöffnungen in Rundbogen- und Vierpassform. Darüber setzt ein profiliertes Kranzgesims und eine Zwiebelhaube mit Knauf und Turmkreuz an. Dem dreiachsigen Chor wurde im Osten der kleine Satteldachbau der Sakristei angeschlossen. Den einzigen bauplastischen Schmuck bildet ein skulptierter Stein neben der linken Pforte der Westfassade mit der Inschrift »Soli Deo Gloria«, der am Eingang des Gotteshauses seine Sinngebung deutlich macht.

Der Innenraum

Der festliche Saalbau der Bruderschaftskirche überrascht durch den Kontrast zwischen dem schlichten Äußeren und dem reich gegliederten Innenraum. Er zählt mit seiner einheitlichen Ausstattung zu den schönsten Räumen des frühen Rokoko in Oberschwaben und verkörpert die vom Geist der Gegenreformation geprägte Idee des »Theatrum Sacrum«.
Der weite Saalraum wird durch imposante, rotgolden marmorierte Säulen mit ornamentierten Kelchvolutenkapitellen in sechs Joche geteilt. Die Stützen erheben sich auf hohen, glatten Piedestalen und sind frei vor die Wand gestellt. Seitlich werden sie von Vorlagen mit aufgelegten Blütengehängen flankiert und tragen das

ST. JOHANN

Blick in den Innenraum der Bruderschaftskirche St. Johann (1737–1745)

umlaufende, verkröpfte Kranzgesims, dessen Einzelglieder durch Farbwechsel rhythmisch betont werden. Darüber setzt das flache Muldengewölbe an, das mit Stichkappen versehen ist. Die Belichtung erfolgt durch hohe Rundbogenfenster in den Jochen sowie Oculi in den Schildwänden über dem Gesims. Die Westwand ist dreiseitig geschlossen und im Deckenbereich mit zwei Dreiergruppen Stichkappen gestaltet. Die Empore erhebt sich auf vier schlanken Rundstützen mit hohen Piedestalen und toskanischen Kapitellen. Die Balustrade besteht aus gedrehten Säulchen und einem abschließenden profilierten Gesims.
Die **Stuckierung** des Innenraums erfolgte 1741 durch einen namentlich nicht bekannten Meister in den Formen des Spätbarock. Die Ornamente begleiten und unterstreichen die architektonischen Grundlinien mit massiven Stuckprofilen und kombinieren feines Bandelwerk und Gitterfelder mit figürlichen Darstellungen und schweren Kartuschenrahmen. Den Gewölbeansatz verschleiern Henkelvasen mit Blütenarrangements. Die Oculi schmücken feine Blattranken mit bekrönenden Engelsköpfchen. In den Stichkappen befinden sich jeweils geschweifte Kartuschen mit variierenden Umrissen, die von zartem Rankenwerk umgeben sind. Die Zwickel zieren filigrane Baldachine mit Gitterfeldern und langen Bandelwerkgehängen. Den heiteren Charakter dieser Formenvielfalt unterstützt die Fassung der terrakottafarbenen Deckenzone, die durch zartgelbe und blaue Stichkappen ergänzt wird. Im Gewölbescheitel schließen eine vierpassförmige sowie vier geschweifte Rechteckkartuschen die Dekoration nach oben hin ab. Über dem Scheitel des Chorbogens umgibt ein Strahlenkranz mit Wolken und Cherubim das Herz Jesu und das Herz Mariä. Darunter folgt eine bekrönte Rollwerkkartusche sowie ein flatterndes, von Engeln getragenes Spruchband mit den Daten von Baubeginn 1739 und Renovierung 1900. Den Chorraum schmückt ein Mitteltondo mit geschweifter, gebrochener Rahmung, umgeben von Bandelwerkkartuschen, Gitterfeldern und Engeln.

Die Deckengemälde

Die Deckengemälde zählen wohl zum Werk des oberschwäbischen Barockmalers **Johann Michael Biehle**, denn die oft zitierte Signatur »Blehle« auf dem Norbertfresko ist möglicherweise ein Versehen des Restaurators M. Biermann, der 1900 ca. ein Zehntel der Decke wiederherstellte und die anderen Bilder dabei stark übermalte. Die Fresken beinhalten ein allegorisches, theologisch gut durchdachtes Programm, das überwiegend aus dem großen Fundus marianischer Symbolik schöpft. Sie weisen das Gotteshaus eindeutig als Kirche der Rosenkranzbruderschaft aus und stellen ein beeindruckendes Zeugnis barocker Volksfrömmigkeit dar.
Die Fresken in den **Stichkappen** sind jeweils paarweise den Mittelbildern zugeordnet, die sie durch emblematische Darstellungen und lateinische Sprüche im Sinne des Rosenkranzgebets deuten. Zur besseren Verständlichkeit wurde jeder Kartusche ein deutscher Vers mit einer volkstümlichen Übersetzung hinzugefügt. In den Stichkappen über der Empore versinnbildlichen die vier damals bekannten Erdteile Europa (Maria Theresia), Amerika (Indianer), Afrika (Afrikaner) und Asien (Turbanträger), dass sich die Verheißung aus dem Lukasevangelium (Lk 1, 48) nunmehr erfüllt hat: »Mich werden seelig sprechen Alle geshlechter«.
Das erste **Deckenbild** von Westen zeigt den Hl. Norbert von Xanten, der mit einer Monstranz

Rosenkranzübergabe an die Heiligen Dominikus und Katharina von Siena, Deckenfresko im Chorraum der Bruderschaftskirche St. Johann von Johann Michael Biehle (1741)

Mariensymbol in einer Stichkappe des Chorgewölbes der Bruderschaftskirche St. Johann

inmitten von Wolken und Engeln kniet. Die Stichkappen berichten ergänzend dazu von der Übergabe des weißen Ordenskleides durch Maria und von der Macht des Sakraments, das auch der Heilige stets gegen alle Irrlehren verteidigte. Das darauf folgende Fresko mit der Darstellung des Kirchenpatrons Johannes Baptist flankieren Symbole, die Johannes als Vorläufer und Verkünder eines Größeren ausweisen. Das nächste Deckengemälde schildert die Auferstehung Christi als Symbol des glorreichen Rosenkranzes, dem seitlich die Wiedergeburt des Phönix und der Todesüberwinder zugeordnet sind. Den schmerzhaften Rosenkranz verkörpert die Darstellung von Christus am Ölberg, den seitlich die Selbstaufopferung des Pelikans und die Ausschöpfung der Leiden ergänzen. Das östlichste Fresko zeigt schließlich eine Szene aus dem freudenreichen Rosenkranz, die Verkündigung an Maria, der Symbole der unbefleckten Empfängnis zugehören. Die zentrale **Darstellung im Chor** ist der mystischen Übergabe des Rosenkranzes durch Maria an die Heiligen Dominikus und Katharina von Siena, den Patronen des Rosenkranzgebetes, gewidmet. Die Szene will als Blick in überirdische Sphären verstanden werden, wobei die Figur des Dominikus als Vermittler zu den Gläubigen wirkt. Eine illusionistische Architektur in Form einer Scheinkuppel mit Arkaden und Blütengehängen gibt den Blick nach oben frei. Die elf Stichkappen, die die Rosenkranzübergabe umrahmen, sind mit Lobpreisungen und Bitten an die Gottesmutter versehen. Ein von Wind und Wellen umtoster Turm verkörpert das Vertrauen in die Gottesmutter: »Wan die Wöllen umbher schlagen / So dich lieben nit verzagen«. Der Drache der sieben Hauptsünden symbolisiert die Hilfe der Madonna: »Von diser gfahr Du unß bewahr«.

Die Altäre

Der **Hochaltar** im Chor bildet zusammen mit der übrigen Ausstattung, bestehend aus Seitenaltären und Kanzel, das Hauptwerk des Bildhauers **Johann Georg Reusch** aus Waldsee. Sie setzt sich in dunkler Farbgebung und mit reichem Golddekor gegen den strahlend hellen Kirchenraum ab. Der Hochaltar besteht aus einer filigranen Baldachinarchitektur, unter der sich ein geschlossen gearbeitetes Retabel in Form eines Triumphbogens erhebt, das von einem Volutengiebel bekrönt wird. Das **Altarretabel** besitzt eine gestufte, mit goldenem

Rankenwerk gezierte Sockelzone, vor der sich der schlichte Tabernakel mit einer von Engeln gerahmten Rundbogennische befindet. Seine Bekrönung bilden zwei kniende Engel, die ein Wolkenband mit der Hl.-Geist-Taube verbindet. Ihr Trauergestus bezieht sich auf die Pietà in der Baldachinnische über ihren Köpfen. Das Gnadenbild ist von kleinen Engelskindern umgeben, die eine blaue Stoffdraperie zusammenraffen. Seitlich schließen sich ornamentierte Pilaster und Säulenpaare mit kompositen Kapitellen an. In den Säulenzwischenräumen stehen die Assistenzfiguren der Heiligen Dominikus und Katharina von Siena. Die üppigen, durchbrochen geschnitzten Seitenteile schmückt links ein Pelikan aus dem Wappen des Abtes Ignaz Vetter, während sich rechts ein Phönix aus der Asche erhebt. Die Engelsfiguren auf dem verkröpften Gebälk weisen die Leidenswerkzeuge Christi vor. Der volutengerahmte Auszug besitzt ein Bildwerk mit dem Kirchenpatron Johannes dem Täufer vor einer Strahlenglorie mit Engeln. Den geschweiften Segmentgiebel ziert ein Kronreif, während die Bekrönung das von Engeln getragene Symbol der Dreifaltigkeit bildet.

Der schön geschwungene **Baldachin**, der den Retabelbau überhöht und krönt, erhebt sich auf vier frei stehenden Säulen mit kompositen Kapitellen, die seitlich durch Blütengirlanden verbunden sind (Abb. S. 54). Über den pagodenartig geschweiften Gebälksegmenten sind große Engelsfiguren mit Schriftkartuschen platziert. Reich ornamentierte, gebrochene Voluten überfangen den Altar und tragen einen feinen Gesimskranz, der nach oben durch ein Marienmonogramm in einer Strahlenglorie abgeschlossen wird.

Der originell und eigenwillig komponierte Hochaltar wird wie die Deckengemälde ganz von der Ikonographie des Rosenkranzes bestimmt. Er bildet den glanzvollen Mittelpunkt des zentralisierten Raums, dessen bühnenhafter Charakter noch durch die umlaufenden Choremporen unterstrichen wird. Diese ruhen auf Säulen mit korinthischen Kapitellen, während ihre Brüstungen von gewundenen Säulchen gebildet werden. Ihr profiliertes Abschlussgesims ist immer wieder zur Mitte hin in Richtung des Altars vorgeschweift. Der ganzen

Hochaltar der Bruderschaftskirche St. Johann von Johann Georg Reusch (1741), Gnadenbild der Pietà von 1579

Skulptur des Kirchenpatrons Johann Baptist im Auszug des Hochaltars der Bruderschaftskirche St. Johann

Raumkonzeption des Chorraums liegt die Idee des Jesuitentheaters zugrunde, des »Theatrum Sacrum«, das vom Geist der Gegenreformation geprägt wurde und Abt Ignaz Vetter sicherlich durch seinen Besuch des Jesuitenkollegs in Dillingen (1714–1721) als Grundanliegen dieser Zeit bestens vertraut war.

Die **Seitenaltäre** vor dem Chorbogen sind identisch aufgebaut und in vereinfachten Formen dem Retabel des Hochaltars nachempfunden. Sie werden durch eine aufgemalte Baldachindraperie an der Rückwand hinterfangen. Das kartuschenförmige Altarblatt flankieren in die Tiefe gestaffelte Säulenpaare mit korinthischen Kapitellen, denen seitlich ornamentierte Pilaster und schöne Seitenstücke aus Bandelwerk und Gitterfeldern zugeordnet sind. Das segmentbogig aufgeworfene Gebälk ist über den Säulen nasenförmig verkröpft und trägt den Auszug, der von geschweiften Voluten gerahmt wird. Er ist mit reichem Golddekor aus Rankenwerk, Cherubim und dem Symbol der Dreifaltigkeit versehen. Sein vierpassförmiger Gemälderahmen wird von einem bogenförmigen Giebel überfangen, der nach oben von durchbrochen geschnitzte Voluten und Gitterwerk mit Blütenschalen aufgelöst wird. Die Bekrönung bildet ein Strahlenkranz mit dem Herz Christi und Maria.

Der **linke Seitenaltar** wurde 1721 aufgrund eines Gelübdes des Kapitels von Rot erstellt, wie die Tafel am Sockel berichtet. Anlass war ein gewaltiger Hagelschlag, der am 7. Juni 1720 das Gebiet um das Kloster zu verwüsten drohte. Das Altarblatt zeigt im unteren Bereich diese Szenerie und vermittelt eine der ältesten Ansichten des Reichsstifts und der Bruderschaftskirche (Abb. S. 55 oben). Darüber schweben in Wolken die beiden römischen Märtyrer Johannes und Paulus, die als Wetterheilige verehrt wurden, sowie eine Strahlenglorie mit dem Auge Gottes. Im Auszugsbild ist das Martyrium der Hl. Apollonia im Feuer dargestellt. Das Gemälde wird von Statuetten des Evangelisten Johannes mit dem Adler (li.) und des Hl. Johannes Nepomuk gerahmt. Die beiden knienden Engel sind den Heiligen zugeordnet: der Linke präsentiert ein aufgeschlagenes Evangelienbuch, der Rechte zeigt den Schweigegestus als Zeichen der Unverletzlichkeit des Beichtgeheimnisses.

Der **rechte Seitenaltar** schildert die Verherrlichung des Hl. Joseph im Altarblatt, während das Auszugsbild mit der Hl. Walburga als Ernteheiliger von Figuren der Eltern Marias, Joachim und Anna, gerahmt wird. Die knienden Engelsfiguren tragen Schriftbänder mit ihren Namen. Die Heiligen der Seitenaltäre verbindet ihr volkstümlicher Charakter. Auch hier tritt ein Aspekt des Bruderschaftswesens zutage, der durch die Einbeziehung der Heiligen in den Alltag konkrete Hilfe in allen Lebenslagen versprach. Die Hl. Apollonia etwa wurde bei Zahnschmerzen angerufen, während das geschnitzte Johanneshaupt (um 1700) an der Südwand des Langhauses Kopfschmerzen lindern sollte.

Die übrige Ausstattung

Die **Kanzel** an der Nordwand besitzt einen runden Korpus, dessen Brüstung aus gewundenen Säulchen und Lilienstängeln besteht. Die Brüstungspfeiler stellen die vier Evangelisten dar.

Blick durch den Altarbaldachin in das Deckengewölbe des Chorraums der Bruderschaftskirche St. Johann

Kloster Rot während des Hagelschlags am 7. Juni 1720, links die Bruderschaftskirche St. Johann, linker Seitenaltar der Bruderschaftskirche St. Johann (1741)

Gestühlwange mit dem Wappen des Abtes Ignaz Vetter in der Bruderschaftskirche St. Johann (1740)

Büste des Evangelisten Lukas am Kanzelkorb der Bruderschaftskirche St. Johann

Das 1740 entstandene **Gestühl** im Schiff schmücken geschweifte Wangen mit Laub- und Bandelwerk, die von Vasen bekrönt werden. Die jeweils erste Wange zum Chor hin zeigt links das Klosterwappen und rechts das Pelikanwappen des Abtes Ignaz Vetter. Am südlichen Chorbogen wurde unter einem Baldachin eine Kopie des **Wallfahrtsbildes von Maria Steinbach** aus der Zeit um 1755 aufgestellt. Die beiden **Epitaphe** am Chorbogen aus dem 18. Jh. erinnern an Joseph Anton Mauch (li.), einen Kanoniker in Rot, sowie an Maria Waldburga Kolb, die als »Praefectissa Rothensis« bezeichnet wird.

Die beiden historischen **Glocken** im Turm stammen aus dem 14. und 15. Jh. Die älteste Glocke von Rot (Ton d'', Ø 44 cm) hat eine schmucklose gewölbte Haube und wurde vielleicht schon um 1400 für das Frauenkloster geschaffen. Die zweite Glocke (Ton h', Ø 46 cm) aus der Zeit um 1500 wird durch Kordelstege und eine Minuskelinschrift geziert.

Kapellen der Pfarrei Rot

Spindelwag

Kapelle Maria Königin des Friedens

Patrozinium: 31. Mai

In Spindelwag, das schon als Stiftungsgut zum Kloster Mönchsroth zählte, ersetzte 1968 eine moderne Anlage des Architekten Alwin Martin den Vorgängerbau von 1858. Die Marienkapelle besteht aus einem zeltförmigen Baukörper, der durch einen verglasten Windfang mit dem frei stehenden Glockenturm verbunden ist. Horizontale und vertikale Lichtbänder mit Farbverglasung gliedern neben Betonpfeilern den Außenbau. Der Grundriss im Inneren entspricht einer Raute, wobei der Chorraum halbkreisförmig vom Gestühl umschlossen wird. Das Gotteshaus schmückt eine moderne Madonna mit Kind von Josef Hasenmaile aus Biberach. Rechts davon befindet sich ein barocker Christus an der Geißelsäule. An der Rückseite des Schiffs stehen drei Figuren einer spätgotischen Ölbergszene aus gebranntem Ton sowie das Relief eines thronenden Gottvater, das wohl mit dem Christus-Relief in Mühlberg ursprünglich an einem Altar vereint war.

Spindelwag Kapelle Maria Königin des Friedens

Madonna mit Kind von Josef Hasenmaile in der Kapelle in Spindelwag

Mühlberg
Kapelle St. Anna
Patrozinium: 26. Juli

Die schlichte Annakapelle, die 1930 am Ortsrand von Mühlberg entstand, blickt auf eine 900-jährige Tradition zurück. Das glatte Langhaus der Kapelle gliedern drei Fensterachsen, während sich im Osten ein polygonaler Chor anschließt. Der kleine Saalraum besitzt eine Flachdecke aus Holz auf quer verlaufenden Balken. Im Chor steht ein Altärchen, dessen Grundform einem Flügelaltar nachempfunden ist. Das Mittelbild zeigt eine Darstellung der Anna Selbdritt mit einer kleinen knienden Stifterfigur. Auf den festen Seitenteilen befinden sich links die Heiligen Jakobus d. Ä. und Sebastian, während sich rechts die Heiligen Katharina und Barbara anschließen. Über dem wappengeschmückten Gesims befindet sich ein Rundgiebel mit einer Ecce-Homo-Darstellung. Seitlich stehen als barock bewegte Gewandfiguren der Hl. Petrus und ein Auferstehungschristus. Das Relief des in Wolken thronenden Christus stammt wohl von einem Altarauszug.

Altarretabel mit der Darstellung der Hl. Anna Selbdritt, Kapelle St. Anna in Mühlberg

Rechts daneben: Mühlberg – Kapelle St. Anna

Mettenberg
Kapelle St. Anna
Patrozinium: 26. Juli

Die Annakapelle wurde um 1850 inmitten des Ortes errichtet. Der glatte Satteldachbau mit Dachreiter besitzt zwei segmentbogige Fensterachsen und einen stark eingezogenen, halbrunden Chor. Der kleine Saalbau ist flach gedeckt.

Das Gemälde des Altärchens in der Apsis zeigt die Patronin der Kapelle, die hl. Anna mit ihrem Ehemann Joachim und ihrer Tochter Maria. Am Chorbogen befinden sich flache Nischen mit kleinen Altarkonsolen, auf denen spätgotische Statuetten der Hl. Verena (li.) und der Madonna stehen. Das Pestkreuz mit den Assistenzfiguren Maria und Johannes stammt aus dem 18. Jh. An der linken Wand befindet sich eine Georgsstatue mit Flammenschwert und Drachen.

Mettenberg
Kapelle St. Anna

Rechts daneben: Altarblatt mit Darstellung Marias mit ihren Eltern Joachim und Anna

Zell
Kapelle St. Ottilia

Rechts daneben: Skulptur der Hl. Ottilia in der Kapelle in Zell (um 1610/20)

Zell
Kapelle St. Ottilia
Patrozinium: 13. Dezember

Der schlichte Kapellenbau in Zell liegt in der Ortsmitte. Der glatte Satteldachbau besitzt zwei rundbogige Fensterachsen, einen offenen Dachreiter über der glatten Giebelfassade und einen halbrunden, eingezogenen Chor im Westen. Den kleinen Saalbau gliedern unregelmäßig angeordnete Wandvorlagen, auf denen die moderne Flachdecke aufruht. An der Stirnwand der Apsis befindet sich ein Kruzifix aus dem 18. Jh. Beidseitig des Chorbogens schließen sich Statuetten der Muttergottes von Steinbach (18. Jh.) und der Hl. Ottilia aus der Zeit um 1610–1620 an. Das Gestühl besitzt geschnitzte Wangen mit flächigen, zackigen Akanthusvoluten.

Würdigung

Rot an der Rot vermittelt durch seine beiden bedeutenden Kirchenbauten und die imposante Klosteranlage bis heute den Eindruck einer Sakrallandschaft, die inspiriert vom Geist barocker Frömmigkeit von den Prämonstratensern kultiviert wurde.

St. Verena ist der letzte große Klosterkirchenbau in Schwaben, die der Orden vielleicht schon gegen die Zeichen der Zeit und aufgrund der Initiative des Abtes Mauritius Moritz von 1777–1786 errichtete. Das Gotteshaus kennzeichnet in der Gesamtanlage wie auch im architektonischen Detail der Übergangsstil vom Barock zum Klassizismus. Den edlen Gesamteindruck des Innenraums vervollkommnen die Fresken (1784) von Januarius Zick, dessen bedeutendes Werk ebenfalls im Spannungsfeld dieser beiden Kunstrichtungen entstand, sowie die prachtvolle Altarausstattung (1784–1786) von Franz Xaver Feichtmayr II. Neben dem kostbaren Chorgestühl (1693) von Andreas Etschmann zählt vor allem die historische Orgel (1785–1792) von Johann Nepomuk Holzhey zu den herausragenden Schätzen dieses Gotteshauses.

Der zweite Kirchenbau der Verenagemeinde erhebt sich an der Stelle des ehemaligen Frauenklosters der Prämonstratenser. Die Bruderschaftskirche St. Johann (1734–1741) ist als einzige erhaltene Kirche dieser Art ein beeindruckendes Denkmal oberschwäbischer Volksfrömmigkeit, das von der Jesuitentheologie des 18. Jh. im Zeichen der Gegenreformation geprägt wurde. Das Rokoko-Kleinod diente der Rosenkranzbruderschaft als Gotteshaus und wird im Inneren in seiner einheitlichen Ausstattung völlig von der Ikonographie der Gottesmutter und des Rosenkranzes bestimmt.

Literatur (Auswahl)
Agnes Baum: Rot an der Rot, Tübingen o. J. / Otto Beck: Bruderschaftskirche St. Johann, Rot an der Rot, Regensburg 1994. / Ders.: Kunst und Geschichte im Landkreis Biberach, Sigmaringen 1985. / Otto Beck und Ingeborg Buck: Oberschwäbische Barockstraße, München-Zürich 1992. / Eugen Buri und Ingeborg Maria Buck: Andreas Meinrad von Au, Sigmaringen 1992. / Hans Christ und Hans Klaiber: Die Kunst- und Altertumsdenkmale in Württemberg, Donaukreis II mit Oberamt Leutkirch, Eßlingen 1924. / Adolf Feulner: Die Klosterkirche in Rot, Süddt. Kunstführer Nr. 18, o. J. / Josef Hoeflacher: Johann Nepomuk Holzhey, Ravensburg 1987. / Winfrid Nuber: Studien zur Besitz- und Rechtsgeschichte des Klosters Rot, Diss. Tübingen 1960. / Franz J. Ratte: Die Holzhey-Orgel in Rot an der Rot, Rot o. J. / Hugo Schnell und Walter Stemmer: Rot an der Rot, München 1978. / Gebhard Spahr: Oberschwäbische Barockstraße II, Weingarten 1978. / Walter Stemmer: Ehemalige Reichsabtei Rot an der Rot, Tübingen o. J. / Ders.: Rot an der Rot, Ottobeuren 1982. / Walter Stemmer und August Willburger: Rot an der Rot. Seine Geschichte und seine beiden Kirchen, Rot 1965. / Joseph Strasser: Johannes Zick, Diss. München 1989. / Hermann Tüchle und Adolf Schal: Rot an der Rot, Geschichte und Gestalt, Sigmaringen 1976. / Alfons Walser und Hugo Schnell: Die Pfarrkirche Rot an der Rot, Rot 1935. / Alfons Walser und August Willburger: Das Prämonstratenserkloster Rot, Rot 1926, 2. Auflage 1965, überarbeitet von Walter Stemmer.

Die Autorin dankt dem Ehepaar Baum, Rot a. d. Rot, für die freundliche Durchsicht des Manuskriptes!

Herausgeber:
Katholisches Pfarramt St. Verena, 88430 Rot a. d. Rot

ISBN 3-89643-516-7
PEDA-KUNSTFÜHRER Nr. 517/2001

International präsent: Belgien, Deutschland, Frankreich, Italien, Luxemburg, Österreich, Schweiz, Tschechien, Türkei, Ungarn

KUNSTVERLAG-PEDA
Tittlinger Str. 19 · 94034 Passau
Tel. (0851) 951686-0 · Fax (0851) 73629
E-Mail info@kunstverlag-peda.de
http://www.kunstverlag-peda.de

Titelseite: *Kloster Rot a.d. Rot von Südosten*

S. 1: *Blick durch das Untere Klostertor auf die Konventsgebäude und die Pfarrkirche St. Verena*

Rückseite: *Vorhang haltender Engel am Baldachinaufbau des Abtssitzes und des Kredenztisches, Chorraum der Pfarrkirche St. Verena (1779/80)*